**Zentrum für Militärgeschichte und
Sozialwissenschaften der Bundeswehr**

Digitalkultur im Geschäftsbereich des Bundesministeriums der Verteidigung

Ergebnisse der bundeswehrweiten Umfrage 2020

Gregor Richter
Martin Elbe

Forschungsbericht 130

November 2021

Impressum

Herausgeber: Zentrum für Militärgeschichte und Sozialwissenschaften der Bundeswehr
Verantwortlich für den Inhalt sind die Autoren
Anschrift: Zeppelinstraße 127/128, 14471 Potsdam
Tel.: 0331 9714 544
E-Mail: zmsbwmilitaersoziologie@bundeswehr.org
www.zmsbw.de

Projektnummer: 7137-01
ISBN: 978-3-941571-48-8
URN: https://nbn-resolving.org/urn:nbn:de:kobv:po79-opus4-5114
DOI: https://doi.org/10.48727/opus4-511

Inhaltsverzeichnis

1 Vorbemerkung

Das Bundesministerium der Verteidigung (BMVg) hat das Zentrum für Militärgeschichte und Sozialwissenschaften der Bundeswehr (ZMSBw) am 15. September 2020 beauftragt, eine bundeswehrweite Umfrage zur „Digitalkultur im Geschäftsbereich BMVg“ durchzuführen (Registriernummer: 1/16/20). Die Ergebnisse der Umfrage werden in diesem Bericht präsentiert. Auftraggeber ist das Referat FüSK III 3; Aufgabensteller bzw. Bedarfsträger der Studie ist das Referat CIT I 4.

Die Studie reiht sich in Forschungen des ZMSBw zum Themenfeld IT-Modernisierung und Digitalisierung ein. Frühere Studien standen im Zeichen der umfassenden Erneuerung der Bundeswehr-IT im Projekt HERKULES, das seit Ende der 2000er-Jahre umgesetzt wurde. Der Fokus lag damals auf der Evaluation des bis dahin auf Bundesebene in finanzieller Hinsicht größten Modernisierungsvorhabens in Form einer Öffentlich-Privaten-Partnerschaft (ÖPP). Auf Basis von mehreren Befragungswellen wurde eine begleitende Nutzerevaluation der Leistungen des IT-Dienstleisters der Bundeswehr, der BWI GmbH, realisiert (vgl. Krampe/Richter 2010; Krampe 2012; Richter 2011). Forschungsgegenstand waren vor allem die Prozess- und Ergebnisqualität des flächendeckenden Austausches der Endgeräte, der Aufbau einer neuen Netzinfrastruktur sowie neue Unterstützungsleistungen, z.B. des User-Help-Desks (UHD).

In der vorliegenden Untersuchung verschiebt sich der Fokus auf Fragen der Neugestaltung der Arbeitswelt und ihrer Organisation unter Bedingungen der Digitalisierung bzw. der Industrie 4.0 (Hirsch-Kreinsen et al. 2018; Raehlmann 2019; Thiemann et al. 2019; Zink 2019). Eingeführt wird der Begriff eines „Zielbildes Digitalkultur“, das im Sinne eines (Unternehmens-)Leitbildes (vgl. Kühl 2017; Richter 2005) die organisationskulturellen Voraussetzungen für eine erfolgreiche und nachhaltige Digitalisierung der Bundeswehr schaffen soll. Arbeitswissenschaftliche Aspekte, wie Stressfaktoren und Arbeitsbelastungen im Zusammenhang mit der Digitalisierung, die in letzter Zeit verstärkt untersucht wurden (vgl. Kirchner 2019; Gimpel et al. 2018; Institut DGB-Index Gute Arbeit 2017), werden ebenfalls gestreift.

Der Bericht wurde im November 2020 dem BMVg zur Auswertung vorgelegt und kann nun nach der Publikationsfreigabe veröffentlicht werden.

2 Zielsetzung der Studie

Digitalkultur bezeichnet den Umgang der Angehörigen des Geschäftsbereichs (GB) BMVg mit Anforderungen, Chancen und Risiken der Digitalisierung auf Grundlage eines gemeinsamen Verständnisses. Bestandteil davon ist das digitale Selbstverständnis, welches das Bewusstsein für die Veränderungen, die mit der digitalen Transformation einhergehen, beschreibt. Die „Umsetzungsstrategie Digitale Bundeswehr" (BMVg 2019) enthält den Auftrag an das Sekretariat Digitalisierung (jetzt: Referat CIT I 4, Strategische Steuerung Digitalisierung), ein Konzept zum Aufbau der Digitalkultur für den GB BMVg zu entwickeln und umzusetzen. Die Zielsetzung der Studie lässt sich hieraus abgeleitet und gemäß gebilligter Projektskizze mit Stand vom 8. August 2020 wie folgt fassen: Die Studie …

1. liefert Ergebnisse über den Stand der Digitalkultur der Organisation (Null-Messung),
2. hilft mit einem IST/SOLL-Abgleich, ein realistisches bundeswehrgemeinsames Zielbild der Digitalkultur zu entwickeln,
3. ermöglicht die Definition von Maßnahmen zur Förderung der Digitalkultur im GB BMVg,
4. untersucht, welche konkreten Veränderungen sich durch die Digitalisierung am Arbeitsplatz und im Dienstalltag ergeben (z.B. in Hinblick auf Arbeitsbelastung, Vereinbarkeit von Dienst und Familie usw.),
5. zeigt auf, ob und welche Hemmnisse bezüglich einer Digitalkultur im GB BMVg existieren, wie diese wirken und welche Anpassungen in Hinblick auf z.B. Beschaffungsprozesse und Mitarbeiterführung erforderlich sind,
6. ermittelt, welche (dienstliche) Hardware und (dienstliche) Software den Bundeswehrangehörigen (während der Corona-Krise) zur Verfügung stand/steht und in welchem Umfang sie genutzt wurde,
7. stellt fest, wie die Bundeswehrangehörigen den Stand der Digitalisierung in der Bundeswehr bewerten, wo zusätzlicher Informationsbedarf besteht und wie ggf. Kommunikationsarbeit vertieft bzw. angepasst werden muss.

Das von der BwConsulting (BwC) erarbeitete „Grundverständnis Digitalkultur“ ist die Basis für die Entwicklung des Zielbilds der Digitalkultur und Referenzpunkt für die Null-Messung in der Befragungsstudie. Der theoretische Fokus, der in dieser Untersuchung eingenommen wird, ist die „Lernende Organisation“:

Die Digitalkultur der Bundeswehr baut zwar auf der traditionellen Organisationskultur der Inneren Führung auf, erzeugt aber trotzdem bei vielen Soldatinnen und Soldaten Diskussionsbedarf (Elbe 2020). Wie generell in der Gesellschaft, werden mit der zunehmenden Digitalisierung auch in der Bundeswehr zahlreiche Institutionen einer Neubewertung unterzogen. Das Führungsverhalten im virtuellen Raum wie auch auf dem Gefechtsfeld erfährt durch die Digitalisierung ebenso neue Anforderungen wie die Zusammenarbeit der uniformierten und der zivilen Organisationsmitglieder im alltäglichen Dienst. So verändert sich z.B. die Arbeit im Homeoffice (ob als Telearbeit oder in einer anderen Form) im Zuge der Corona-Pandemie von einer Ausnahmeerscheinung zu einem der üblichen Arbeitsmodelle – dies erfordert auch Anpassungen im Führungsverhalten (Landes/Wittmann 2020).

Die Digitalisierung erfordert beschleunigte Lernprozesse der zivilen Mitarbeiterinnen und Mitarbeiter, der Soldatinnen und Soldaten sowie einen Kulturwandel hin zu einer neuen Lernkultur, die zunehmend auf einer lernförderlichen Arbeitsgestaltung und einem Lernen im Prozess der Arbeit als Teil der Digitalisierung der Bundeswehr beruht. Hierdurch kann vermieden werden, immer wieder die gleichen Fehler zu machen (Senge 2011). Wie sehr die institutionalisierten Lernprozesse durch die Einschränkungen der Corona-Pandemie behindert wurden, haben die Bundeswehrangehörigen im Laufe des Jahres 2020 unmittelbar erfahren. Dementsprechend kommt es für die Betroffenen darauf an, sich bei der Digitalisierung der Lernorte selbst zu beteiligen und die Lernanforderung im Prozess der Arbeit weitestgehend unbegleitet bewältigen zu können (Elbe/Erhardt 2020).

Auch im Rahmen der Digitalisierung sind zahlreiche Lernangebote darauf ausgerichtet, spezifische Lerninhalte auf Lernplattformen zu bewältigen oder bestimmte Produkte der Digitalisierung – z.B. Programme oder Anwendungsgeräte – zu optimieren. Zur Bewältigung der aktuellen Lernanforderungen im Rahmen der Digitalisierung (erst recht unter Corona-Bedingungen) sind darüber hinaus kollektive Lernprozesse zur Neuaneignung von digitalen Kompetenzen und auch deren Übertragung aus dem privaten Bereich auf den beruflichen (z.B. Nutzung von Kommunikationsprogrammen, die Video-Telefonie und Online-Konferenzen mit mehreren Teilnehmenden ermöglichen) erforderlich.

Nach Elbe und Erhardt (2020) haben Lerntools in diesem Kontext nur eine nachgeordnete Bedeutung, gelernt wird vielmehr im Prozess der Arbeit. Zur neuen Lernkultur gehört damit, dass Kompetenzen gefordert werden, deren Ausbildung den Soldatinnen und Soldaten oder zivilen Mitarbeiterinnen und Mitarbeitern selbst überlassen bleiben:

> „Lernen wird damit zum Grundprinzip und Grundproblem der Digitalisierung, die Lernkultur wird zur Digitalkultur. Mit der zunehmenden Mächtigkeit und Verbreitung digitaler Technik steigt auch deren eigenes Interaktions- und Lernpotenzial. Immer wenn der Mensch an solchen Interaktionen beteiligt ist, wenn technische Systeme zu (zunehmend hybriden) Mensch-Maschine-Systemen werden, dann steigt die Notwendigkeit, auch den Menschen zumindest die gleichen Lernpotenziale zuzugestehen und abzufordern wie den technischen Systemkomponenten." (Elbe/Erhardt 2020: 204 f.)

3 Methodisches Design der Studie

Die Befragung fand im Zeitraum vom 16. September bis 9. Oktober 2020 statt. Die Daten wurden im Rahmen einer Online-Umfrage erhoben. Hierfür konnte vom ZMSBw erstmals das vom Cyber Innovation Hub (CIH) zur Verfügung gestellte Umfrage-Tool „Onlineumfragen.com“ genutzt werden. Die Stichprobenziehung erfolgte durch das Bundesamt für das Personalmanagement der Bundeswehr (BAPersBw) nach den fachlichen Vorgaben des ZMSBw. Der Stichprobenumfang (brutto) betrug 10.000. Das BAPersBw stellte die personenbezogenen dienstlichen E-Mail-Adressen (im Bundeswehr-Jargon als „Lotus Notes“ oder „LoNo“ bezeichnet) zur Verfügung, die dann über das Online-Befragungstool mit einem Anschreiben adressiert wurden. Die ausgewählten Befragungsteilnehmerinnen und -teilnehmer erhielten einen automatisierten Link, der zum Fragebogen führte.

Begleitet wurde die Befragung durch eine Information auf der Website des ZMSBw und im Intranet des BMVg. Zur Erhöhung des Rücklaufs wurde am 28. September 2020 eine Erinnerungsaktion gestartet, um Personen zu erreichen, die dem Befragungsaufruf aus welchen Gründen auch immer (z.B. Urlaub, fehlendes Interesse an der Teilnahme der Befragung usw.) ca. zwei Wochen nach Versand noch nicht gefolgt waren. Dabei wurden gemäß der Vorgabe des Hauptpersonalrats (HPR) alle Befragten der Stichprobe per E-Mail erinnert, unabhängig davon, ob sie bereits teilgenommen hatten oder nicht.

Der Fragebogen hatte einen Umfang von 27 Fragen, die zum Teil mehrere Einzelitems umfassten. Zwei Fragen waren mit offenen Antwortmöglichkeiten formuliert. Bei fast allen Itembatterien und Fragelisten wurde das bei Online-Befragungen komfortabel zuschaltbare Rotationsverfahren angewandt, bei dem über einen Zufallsgenerator die Abfolge der Items für jeden Befragten neu sortiert wird. Die Reihenfolge der 27 Fragen selbst blieb unverändert. Ziel ist es dabei, sogenannte Responsesets zu vermeiden.

Die Stichprobe wurde im Juni 2020 gezogen. Die Bundeswehr hatte zu diesem Zeitpunkt einen Personalumfang von 264.904 (=Grundgesamtheit). Von diesen wiederum verfügen 178.049 über einen personenbezogenen, dienstlichen E-Mail-Account (=Auswahlgesamtheit), was einer Abdeckung von 67 Prozent entspricht. Die gruppenspezifischen Anteile an E-Mail-Accounts variieren. So verfügen beispielsweise 83 Prozent der Stabsoffiziere, jedoch nur 61 Prozent der Arbeitnehmerinnen und Arbeitnehmer vergleichbar mittlerer Dienst über einen eigenen Account. Die verfügbaren Informationen über gruppenspezifische Abdeckungen mit E-Mail-Accounts sowie Erfahrungen über gruppenspezifische Rücklaufquoten aus früheren (postalischen) Umfragen des ZMSBw (z.B. Richter

2020) bildeten die Grundlage für die Faktoren zur Ex-ante-Gewichtung der Bruttostichprobe (Faktorspannweite: 0,72–1,44). Erfolgreich versendet werden konnten 9801 Anschreiben per E-Mail. Der Rücklauf (=Nettostichprobe) lag bei n=1.997. Es ergibt sich somit ein Rücklauf von 20 Prozent.

Die Qualität der Daten weist trotz dieses Stichprobendesigns einige Limitationen auf, die bei der folgenden Analyse und der Ergebnisdarstellung berücksichtigt werden müssen. Der Rücklauf ist in Hinblick auf die sozialdemografischen Faktoren verzerrt (vgl. Anhang A.1), im Vergleich zu anderen bundeswehrinternen Befragungen (z.B. Richter 2020) insgesamt geringer und gekennzeichnet durch eine relative hohe Abbruchquote.[1] Dies hat wahrscheinlich folgende Gründe:

- Die Befragung fiel in die Zeit der Corona-Krise, in der viele Bundeswehrangehörige im Homeoffice ohne Zugang zu ihrem personenbezogenen E-Mail-Account waren. Das Ergebnis ist eine generell geringere Rücklaufquote wegen Nichterreichbarkeit und eine Verzerrung hin zu Personengruppen mit relativ höherer Abdeckung mit Telearbeitsplätzen bzw. mobilen, dienstlichen IT-Ausstattungen.
- Durch den Chief Information Security Officer der Bundeswehr (CISOBw) wurden in den Monaten vor der Befragung vorgetäuschte Phishing-Mails an die dienstlichen E-Mail-Accounts versendet, die die Bundeswehrangehörigen für diese Thematik sensibilisieren sollten. Die Phishing-Mails wurden von nichtdienstlichen Adressen aus versendet. Die Umfrage zur Digitalkultur nutzte aus technischen Gründen die Standard-E-Mail-Adresse des Umfragetools, d.h. auch einen bundeswehrexternen Absender. Viele Bundeswehrangehörige identifizierten den Befragungsaufruf als Spam oder Phishing und ignorierten die Einladung zur Befragung. Dieses Verhalten steht im Einklang mit den Vorgaben zur Datensicherheit in der Bundeswehr.[2]

---

1 Der Anteil der beantworteten Fragen nimmt bis zum Ende des Fragebogens stetig ab. Bis zur Qualitätssicherungsfrage (Tabelle A.2.1), die am Schluss des Fragebogens platziert war, gelangen nur 76 Prozent der Teilnehmerinnen und Teilnehmer. Sobald ein Fragebogen komplett „durchgeklickt" wurde, wird er als Datenzeile in den Datensatz geschrieben. Alle Fragen konnten, so auch die am Ende, übersprungen werden.

2 Mit den parallel übermittelten Informationen an die Informationssicherheitsbeauftragten (ISB) und die Klarstellungen im Erinnerungsschreiben konnte das Kommunikationsproblem nur zum Teil gelöst werden. Zu den Lessons Learned der Umfrage gehört deshalb, zukünftig nur ein Umfragetool zu nutzen, dass den Versand der Einladungsschreiben und den Link zur Befragung von einem Bundeswehr-Account heraus erlaubt.

- Die Befragungsthematik hat einen in Teilen hohen Abstraktionsgrad, ist nicht wie eine Befragung z.B. zur Berufszufriedenheit oder Attraktivität der Bundeswehr als Arbeitgeber an die Lebenswelt der Befragten direkt angebunden und war offenbar nicht allen Befragten gleichermaßen zugänglich. Dies zeigt sich z.B. an den hohen Anteilen an fehlenden Werten (missings) bei der Frage zur Digitalkultur im engeren Sinne (Tabelle 4.11.1). Dies dürfte ein wesentlicher Grund für die vergleichsweise hohen Abbruchquoten sein.

Trotz dieser Mängel der Stichprobe erlaubt insbesondere die Qualitätssicherungsfrage am Ende des Fragebogens (Tabelle A.2.1) den Schluss, dass die Befragung insgesamt belastbar ist: Diejenigen, die den Fragebogen bis zum Ende befüllt haben, hatten so gut wie keine Verständnisschwierigkeiten und würden wieder an einer solchen Umfrage teilnehmen. Mit dem vorliegenden Datenmaterial sind also begründete Aussagen über den Stand der Digitalkultur, über das Meinungsbild über die Digitalisierung in der Bundeswehr, über kritische Parameter und ggf. Nachsteuerungsbedarfe möglich.

Für die quantitativen Fragen werden im Folgenden univariate Ergebnisse präsentiert und zudem – wo sinnvoll – bi- und multivariate Analysen angestellt. Es erfolgt in vielen Fällen eine Differenzierung nach dem Status, d.h. nach militärischem und zivilem Personal (mil./ziv.).[3] Mit dem Ziel, keine unübersichtlichen Datensammlungen zu produzieren, die oftmals die zentralen Botschaften von organisationsinternen Surveys verdecken, wird in diesem Bericht auf dienstgradgruppenspezifische oder ähnliche Detailanalysen verzichtet. Bei Bedarf sind solche Sonderauswertungen im Rahmen der im Fragebogen abgefragten sozialstrukturellen Merkmale möglich (vgl. Anhang A.1).

Die beiden offenen Fragen, die es den Befragten ermöglichten, selbst formulierte Antworten zu geben und damit eigene Erfahrungen und Gedanken hinsichtlich der Digitalisierung in der Bundeswehr zu berichten, wurden qualitativ ausgewertet und mithilfe der zusammenfassenden Inhaltsanalyse (in Anlehnung an Mayring 2015, 2016) ausgewertet. Vor dem Hintergrund des zugrunde gelegten Vorwissens (Elbe 2015) werden die Originalanmerkungen in einem *ersten* Schritt einer Reduktion (Selektion durch Streichung bedeutungsgleicher Aussagen und Generalisierung durch sinnkonforme Abstraktion) und in einem *zweiten* Schritt einer Kategorisierung (sinnbezogenes Zusammenfassen und Verschlagwortung) unterzogen. Das so entstandene Kategoriensystem wird im Text dann interpretativ aufbereitet und an die Sinnstruktur des Ausgangsmaterials (z. B. mithilfe von

---

[3] Die Variable Geschlecht durfte auf Vorgabe des BMVg nicht abgefragt werden. Deshalb erfolgt in dieser Studie auch keine Auswertung nach Geschlecht, wie sie sonst standardmäßig in vergleichbaren Studien des ZMSBw vorgenommen wird (z.B. Richter 2020).

illustrativen Zitaten) zurückgebunden. Von Bedeutung ist hierbei, dass nicht die Erfahrungen und Vorstellungen Einzelner in der Tiefe analysiert werden (wie z. B. bei der zusammenfassenden Inhaltsanalyse von Interviewtranskripten), sondern die durchschnittlich vorhandenen Sinnzusammenhänge von Vielen (hier der Gesamtheit der Befragten) hinsichtlich der Vor- und Nachteile der Digitalisierung in der Bundeswehr und entlang der von ihnen selbst gewählten Themen und Schilderungen einer zusammenfassenden Inhaltsanalyse unterzogen werden.

4 Ergebnisse und Analysen

4.1 IT-Nutzungsverhalten

Zu Beginn des Fragebogens wurde nach der Nutzungshäufigkeit von Informations- und Kommunikationstechnologie bzw. Online-Angeboten in der täglichen Arbeit bzw. im täglichen Dienst (Tabelle 4.1.1) und im privaten Bereich (Tabelle 4.1.2) gefragt.

Tabelle 4.1.1: IT-Nutzung bei der Arbeit/im Dienst

Wie häufig nutzen Sie die folgende Informations- und Kommunikationstechnologie bzw. Online-Angebote bei Ihrer täglichen Arbeit bzw. im täglichen Dienst?	täglich	mehrmals die Woche	einmal in der Woche	einmal im Monat	nie
1. Mobile Kommunikationsgeräte (Smartphone, Tablet etc.)	38	11	4	4	42
2. Arbeitsplatzcomputer (APC)	91	5	1	0	2
3. Intranet der Bundeswehr	71	21	5	2	2
4. Internet	70	20	5	3	2
5. Lotus Notes	91	5	17	1	1
6. Soziale Medien (Facebook, Twitter, Instagram etc.)	13	7	5	5	70
7. Führungsinformationssysteme	7	8	7	10	68
8. Videokonferenztechnik	3	5	8	19	65
9. LoNo Sametime	40	14	7	8	30
10. BwChat/Stashcat	6	7	5	7	74
11. Bw Messenger (Matrix)	2	3	2	4	89

Anmerkungen: Angaben in Prozent. Einzelne Prozentangaben ergeben mitunter in der Summe nicht 100 Prozent, da sie gerundet wurden.

Datenbasis: ZMSBw-Bundeswehrumfrage zur Digitalkultur 2020.

Tabelle 4.1.2: IT-Nutzung im privaten Bereich

Wie häufig nutzen Sie die folgende Informations- und Kommunikationstechnologie bzw. Online-Angebote im privaten Bereich?	täglich	mehrmals die Woche	einmal in der Woche	einmal im Monat	nie
1. Computer (Desktop, Notebook etc.)	58	24	9	5	4
2. Internet	89	8	1	0	1
3. E-Mail	68	24	5	2	1
4. Soziale Medien (Facebook, Twitter, Instagram etc.)	42	14	6	5	34
5. Online-Shopping	9	23	32	30	6
6. Digitale Streamingdienste	34	29	10	8	19
7. Digitale Steuerungstechnik in der Wohnung, Sprachassistenten etc.	16	9	5	4	65
8. Smartphone, mobiles Telefon	94	4	0	0	2
9. Wearables (z. B. für Gesundheitsapps)	20	10	7	7	56
10. Digitale Automobiltechnologie (z. B. Konnektivität im Auto)	31	17	6	5	41

Anmerkungen: Angaben in Prozent. Einzelne Prozentangaben ergeben mitunter in der Summe nicht 100 Prozent, da sie gerundet wurden.

Datenbasis: ZMSBw-Bundeswehrumfrage zur Digitalkultur 2020.

Die Abfrage der Nutzungshäufigkeit sowohl im dienstlichen als auch privaten Bereich verfolgte *erstens* das Ziel zu ermitteln, welche IT-Ausstattung, Tools und Software wie oft genutzt werden. So greift z.B. eine überwiegende Mehrheit täglich auf ihren APC und das E-Mail-Programm IBM Notes zurück, wobei Videokonferenztechnik und der Bw Messenger hingegen in Ausnahmefällen genutzt werden. Privat werden vor allem Smartphones und das Internet von einer überwiegenden Mehrheit täglich verwendet, Online-Shopping hingegen z.B. nicht täglich, aber von einem Drittel der Befragten einmal in der Woche.[4]

Die Abfrage erfolgte *zweitens* mit dem Ziel, eine Variable „IT-Nutzungsverhalten", sowohl in der Arbeit bzw. dienstlich als auch im privaten Bereich zu konstruieren. Dieser additive Index gibt über alle abgefragten Aspekte hinweg die Gesamtnutzungshäufigkeit von IT- und Kommunikationstechnologie sowie Online-Diensten an. Hohe Werte bedeuten eine hohe Nutzungshäufigkeit. Die Indizes dienen im weiteren Gang der Untersuchung als eine neue Variable, um Personen mit hoher und niedriger Nutzungsintensität in Hinblick auf weitere Indikatoren der Befragung gegenüberzustellen. Es werden hierzu folgende zwei Variablen eingeführt:

- IT-Nutzungsverhalten dienstlich, Wertebereich [0; 1]; Min=0; Max=0,95; M=0,50; SD=0,12.
- IT-Nutzungsverhalten privat, Wertebereich [0; 1]; Min=0; Max=1,00; M=0,64; SD=0,17.

Hohe Werte des Index geben eine hohe Nutzungsintensität an.

Zudem wurde gefragt: „Nutzen Sie IT bei der Arbeit bzw. im Dienst ausschließlich als Anwender/Anwenderin oder geht Ihre Nutzung über die reine Anwendung hinaus, d.h. Sie programmieren Software, gestalten Webseiten, sind in der IT-Beratung oder im IT-Service tätig oder Sonstiges?". Der Anteil derjenigen, die IT ausschließlich als Anwenderin oder Anwender nutzen, liegt bei 85 Prozent, bei 15 Prozent geht es über die Anwendung hinaus (z.B. als Programmierer oder IT-Sicherheitsbeauftragter). Ein Vergleich nach Status (ziv./mil.) ergab keinen statistisch signifikanten Unterschied (Chi^2-Test: nicht signifikant).

Von welchen Faktoren ist das IT-Nutzungsverhalten abhängig? Hierüber gibt Tabelle 4.1.3. Auskunft. In den zwei multivariaten Regressionsmodellen werden sowohl das

[4] Es ist davon auszugehen, dass gerade die Nutzung bestimmter Arten von Informations- und Kommunikationstechnologie im dienstlichen Bereich durch einen „Corona-Bias" verzerrt ist, d.h. infolge der weiten Verbreitung von Homeoffice z.B. private Smartphones auch für dienstliche Anrufe verwendet wurden.

dienstliche als auch das private IT-Nutzungsverhalten erklärt. Demnach steigt die Nutzungsintensität dienstlicher IT- und Kommunikationsangebote dann, wenn man selbst nicht nur Anwenderin oder Anwender ist, sie steigt mit der Höhe des Ausbildungsabschlusses und mit der Tatsache, dass man Soldat oder Soldatin ist (im Vergleich zum zivilen Personal). Die dienstliche Nutzungsintensität variiert nicht mit dem Alter. Anders verhält es sich beim privaten IT-Nutzungsverhalten: Jüngere sind deutlich nutzungsaffiner als ältere Menschen. Die Wirkungsrichtung der anderen drei unabhängigen Variablen, die in die Modelle zur Erklärung des privaten Bereichs aufgenommen wurden, verhält sich analog zum dienstlichen Nutzungsverhalten.

Tabelle 4.1.3: Multivariate Regression zum IT-Nutzungsverhalten

Variablen	IT-Nutzungsverhalten dienstlich		IT-Nutzungsverhalten privat	
	Beta	Signifikanz	Beta	Signifikanz
Alter	0,02	n.s.	-0,18	***
Status (ziv.=1)	-0,22	***	-0,19	***
Ausbildungsabschluss	0,08	**	0,06	*
Nutzungsart (mehr als Anwendung=1)	0,18	***	0,11	***
Korrigiertes R^2	0,07		0,10	

Anmerkungen: Signifikanzniveau: ***p<0.001; **p<0.01; *p<0.05; n.s. = nicht signifikant. Das Vorzeichen der Kennzahl Beta gibt die Richtung des Effektes an.

Datenbasis: ZMSBw-Bundeswehrumfrage zur Digitalkultur 2020.

4.2 Informationen über die Digitalisierung in der Bundeswehr

Tabelle 4.2.1 gibt den Grad der Informiertheit über die Themen an, die die Digitalisierung in der Bundeswehr betreffen. Es zeigt sich ein ausgewogenes Bild. Eine Mehrheit von 52 Prozent ist ambivalent eingestellt und der zusammengefasste Anteil derjenigen, die sich (sehr) gut informiert fühlen, ist mit 24 Prozent genauso hoch wie der Anteil derjenigen, die sich (sehr) schlecht informiert fühlen.

Tabelle 4.2.1: Informiertheit über die Digitalisierung in der Bundeswehr

Wie gut fühlen Sie sich über die Digitalisierung in der Bundeswehr betreffenden Themen informiert?	
sehr gut	2
gut	22
teils/teils	52
schlecht	19
sehr schlecht	5

Anmerkungen: Angaben in Prozent. Einzelne Prozentangaben ergeben mitunter in der Summe nicht 100 Prozent, da sie gerundet wurden.

Datenbasis: ZMSBw-Bundeswehrumfrage zur Digitalkultur 2020.

Das multivariate Basismodell in Tabelle 4.2.2 erklärt den Grad der Informiertheit über die Digitalisierung. Demnach fühlen sich ältere Bundeswehrangehörige besser informiert und der Grad der Informiertheit nimmt mit steigendem Ausbildungsabschluss ab. Der Grad der Informiertheit hängt nicht vom Status (mil./ziv.) und nicht davon ab, ob die Nutzung der IT über eine reine Anwendung hinausgeht.

Tabelle 4.2.2: Multivariate Regression zum Grad der Informiertheit über die Digitalisierung in der Bundeswehr

Variablen	Grad der Informiertheit	
	Beta	Signifikanz
Alter	0,14	***
Status (ziv.=1)	-0,05	n.s.
Ausbildungsabschluss	-0,07	**
Nutzungsart (mehr als Anwendung=1)	-0,01	n.s.
Korrigiertes R^2	0,02	

Anmerkungen: Signifikanzniveau: ***p<0.001; **p<0.01; *p<0.05; n.s. = nicht signifikant.
Das Vorzeichen der Kennzahl Beta gibt die Richtung des Effektes an.

Datenbasis: ZMSBw-Bundeswehrumfrage zur Digitalkultur 2020.

Bei den Bundeswehrangehörigen besteht weitverbreitet der Wunsch, mehr über Themen der Digitalisierung zu erfahren. Tabelle 4.2.3 zeigt, dass insbesondere Informationsbedarf über technische Innovationen in der Bundeswehr und über mobiles Arbeiten besteht. Gerade der hohe Anteil von 84 Prozent der Befragten, die mehr über Letzteres wissen möchten, ist sicherlich den Auswirkungen der Corona-Krise im dienstlichen Alltag geschuldet. Themen wie Homeoffice und Telearbeit sind eben auch oder vor allem Themen der Digitalisierung der Bundeswehr und der Ausstattung mit zeitgerechter Hard- und Software. Signifikante Unterschiede im Antwortverhalten sind nur bei zwei Themenfeldern vorhanden. Soldatinnen und Soldaten interessieren sich stärker für die Themen „Beschaffung und Einführung von IT“ und für das Thema „Führung und Digitalisierung“ als ihre zivilen Pendants.

Tabelle 4.2.3: Informationsbedarf über Themen der Digitalisierung

Über welche Themen der Digitalisierung in der Bundeswehr würden Sie gern mehr wissen?	Anteile „ja“		
	gesamt	mil.	ziv.
Beschaffung und Einführung von IT*	68	67	72
kollaboratives Arbeiten (n.s.)	55	–	–
Cyber-/IT-Sicherheit (n.s.)	54	–	–
technische Innovationen (n.s.)	78	–	–
mobiles Arbeiten (n.s.)	84	–	–
Führung und Digitalisierung***	66	74	58

Anmerkungen: Angaben in Prozent. Chi^2-Test. Signifikanzniveau: ***p<0.001; **p<0.01; *p<0.05; n.s. = nicht signifikant. Nicht signifikante Unterschiede werden nicht ausgewiesen.

Datenbasis: ZMSBw-Bundeswehrumfrage zur Digitalkultur 2020.

Ergänzend zu den vorgegebenen Antworten konnten hinsichtlich des Informationsbedarf auch zusätzliche, offene Angaben gemacht werden, die nach dem eingangs geschilderten Verfahren ausgewertet wurden. Es gab die Möglichkeit, zwei zusätzliche Angaben zu machen. 10 Prozent der Befragten machten ergänzende Anmerkungen, 1 Prozent verfasste zwei Anmerkungen. Von den insgesamt 231 Einträgen betrafen die meisten umfassende Themen der Digitalisierung (papierloses Arbeiten, das Internet oder die generelle IT-Strategie der Bundeswehr) und den Wunsch nach genereller Orientierung: Was bietet die Bundeswehr in Bezug auf Digitalisierung? Informationsbedarf besteht auch in Bezug auf die Veränderung von Arbeitsabläufen und Verfahren, hinsichtlich der Weiterentwicklung und Veränderung von (Standard-)Software und insbesondere beim Thema „Ausbildung“. Auch zu neuen Kommunikationsmitteln und mobilem Arbeiten wurde Informationsbedarf geäußert. Es wurden auch noch weitere Themen angesprochen und die Möglichkeit der offenen Fragen dazu genutzt, Kritik zu üben:

> „Warum habe ich bei 14 Fw nur 2 Computer“ (Nr. 25)

Insgesamt ist festzustellen, dass die offenen Anmerkungen primär Spezifizierungen der in der Frage standardisiert erhobenen Themenfelder darstellen, mit einer Ausnahme, nämlich Ausbildung. Dieses Thema war bisher hinsichtlich des Informationsbedarfs der Befragten nicht erfasst worden. Konkret wurden die Digitalisierung im Bereich Ausbildung, Streaming Distance Learning, Webinare sowie weitere Aspekte des E-Learnings nachgefragt.

4.3 SOLL/IST-Vergleich Lernende Organisation

Im Fragebogen waren zwei Frageblöcke der Lernkultur in der Bundeswehr gewidmet, die einen SOLL/IST-Vergleich ermöglichen sollen (Tabelle 4.3.1 bis 4.3.3). Aus Sicht der Bundeswehrangehörigen ist es besonders wichtig (=SOLL), im Dienst eine herausfordernde und interessante Tätigkeit ausüben zu können. 92 Prozent der Befragten ist dies wichtig oder sehr wichtig. Nicht mehr ganz so hoch ist der Anteil beim Item „immer wieder neue Aufgaben übernehmen zu können“: 61 Prozent der Bundeswehrangehörigen ist dies wichtig oder sehr wichtig. Generell gilt: Die Antworten auf die Fragen zur Lernenden Organisation „Bundeswehr“ in Tabelle 4.3.1 deuten auf eine relativ hohe Lernorientierung und auf eine hohe Bereitschaft, proaktiv mit neuen und sich wandelnden Arbeitsbedingungen und -anforderungen umgehen zu wollen.

Eine große Bedeutung haben insbesondere solche Aspekte, die mit Lernen, Fort- und Weiterbildung und dem Sich-Einstellen auf neue Technologien zu tun haben (Aspekte 4, 6 und 8). Hierzu gehört aus Sicht der überwiegenden Mehrheit der Befragten auch eine durch die Organisation positiv sanktionierte Fehlerkultur (Aspekt 7) – 84 Prozent ist dies wichtig oder sehr wichtig – und eine Innovationskultur (Aspekt 9), die auf Ideen und Vorschläge der Mitarbeiterinnen und Mitarbeiter setzt – 74 Prozent ist dies wichtig oder sehr wichtig. Selbstständiges Planen und Entscheiden im Dienst spielt bei 88 Prozent eine wichtige oder sehr wichtige Rolle.

Aus Sicht der Digitalkultur ist vor allem relevant, inwieweit Vorgesetzte ein lernförderliches Klima schaffen (Aspekt 10) und die Nutzung IT-gestützter Arbeitsmethoden und Kommunikationsmittel vorantreiben und diese auch selbst anwenden (Aspekt 11). Die überwiegende Mehrheit erkennt die Bedeutung der Rolle der Führungskräfte an: 88 Prozent antworten mit wichtig oder sehr wichtig in Hinblick auf ein lernförderliches Klima; 82 Prozent antworten mit wichtig oder sehr wichtig in Hinblick auf die Nutzung IT-gestützter Arbeitsmethoden und Kommunikationsmittel. Im Verhältnis zu den anderen 10 Aspekten messen die Bundeswehrangehörigen insbesondere einer zeitgemäßen IT-Ausstattung hohe Bedeutung zu (Aspekt 3): 89 Prozent ist es wichtig oder sehr wichtig, mit IT auf dem aktuellen Stand der Technik arbeiten zu können.

Tabelle 4.3.1: Lernkultur SOLL

Wie wichtig sind Ihnen im Allgemeinen folgende Punkte bei Ihrer täglichen Arbeit bzw. im täglichen Dienst?	sehr wichtig	wichtig	teils/teils	weniger wichtig	eher unwichtig
(1) eine herausfordernde und interessante Tätigkeit ausüben zu können	55	37	7	1	0
(2) immer wieder neue Aufgaben übernehmen zu können	23	38	30	8	2
(3) mit IT auf dem aktuellen Stand der Technik arbeiten zu können	56	33	9	2	1
(4) sich regelmäßig fort- und weiterbilden zu können	45	42	10	2	1
(5) selbstständig planen und entscheiden zu können	50	38	10	1	1
(6) im Arbeitsprozess kontinuierlich lernen zu können	36	49	12	2	1
(7) auch mal was ausprobieren oder Fehler machen zu dürfen	45	39	12	3	1
(8) beständig neue Technologien kennenzulernen	23	36	29	9	3
(9) innovative Ideen und Vorschläge einbringen zu können	33	41	18	6	2
(10) Vorgesetzte zu haben, die Lernprozesse aktiv fördern	47	41	9	2	1
(11) Vorgesetzte zu haben, die die Nutzung IT-gestützter Arbeitsmethoden und Kommunikationsmittel vorantreiben und diese selbst anwenden	40	42	13	3	2

Anmerkungen: Angaben in Prozent. Einzelne Prozentangaben ergeben mitunter in der Summe nicht 100 Prozent, da sie gerundet wurden.

Datenbasis: ZMSBw-Bundeswehrumfrage zur Digitalkultur 2020.

Die SOLL-Situation einer Lernenden Organisation „Bundeswehr" wurde mit der IST-Wahrnehmung durch die Soldatinnen und Soldaten sowie den zivilen Mitarbeitern und Mitarbeiterinnen kontrastiert (Tabelle 4.3.2). Im Vergleich zu den anderen abgefragten Aspekten bietet die Bundeswehr vor allem die Möglichkeit, eine herausfordernde und interessante Tätigkeit ausüben zu können (Aspekt 1) und selbstständig planen und entscheiden zu können (Aspekt 5). Aus Sicht von 61 Prozent bzw. 51 Prozent der Teilnehmerinnen und Teilnehmer ist diese Anforderung voll oder eher erfüllt. Hingegen liegt der entsprechende Anteil bei „mit IT auf dem aktuellen Stand der Technik arbeiten zu können" (Aspekt 3) bei nur 19 Prozent und bei „beständig neue Technologien kennenzulernen" (Aspekt 8) bei nur noch 15 Prozent.

Tabelle 4.3.2: Lernkultur IST

Inwieweit sind folgende Punkte bei Ihrer täglichen Arbeit bzw. im täglichen Dienst aus Ihrer Sicht erfüllt?	voll erfüllt	eher erfüllt	teils/teils	eher nicht erfüllt	überhaupt nicht erfüllt
(1) eine herausfordernde und interessante Tätigkeit ausüben zu können	23	38	28	8	3
(2) immer wieder neue Aufgaben übernehmen zu können	13	30	38	16	4
(3) mit IT auf dem aktuellen Stand der Technik arbeiten zu können	3	16	35	31	15
(4) sich regelmäßig fort- und weiterbilden zu können	11	30	34	20	6
(5) selbstständig planen und entscheiden zu können	15	36	32	13	4
(6) im Arbeitsprozess kontinuierlich lernen zu können	12	35	39	12	2
(7) auch mal was ausprobieren oder Fehler machen zu dürfen	11	29	36	18	6
(8) beständig neue Technologien kennenzulernen	3	12	36	36	13
(9) innovative Ideen und Vorschläge einbringen zu können	9	27	36	22	6
(10) Vorgesetzte zu haben, die Lernprozesse aktiv fördern	15	30	33	16	6
(11) Vorgesetzte zu haben, die die Nutzung IT-gestützter Arbeitsmethoden und Kommunikationsmittel vorantreiben und diese selbst anwenden	10	26	35	21	7

Anmerkungen: Angaben in Prozent. Einzelne Prozentangaben ergeben mitunter in der Summe nicht 100 Prozent, da sie gerundet wurden.

Datenbasis: ZMSBw-Bundeswehrumfrage zur Digitalkultur 2020.

In welchen Aspekten weichen die Anforderungen an die Lernende Organisation von den Wahrnehmungen ab? Wie stark sind etwaige Unterschiede? SOLL und IST wurden zwar themengleich, aber mit unterschiedlicher Frageformulierung und mit unterschiedlichen Antwortkategorien gemessen. Für alle Aspekte gilt, dass das IST stets hinter dem SOLL zurückbleibt. Infolge unterschiedlicher Skalen ist eine direkte Gegenüberstellung von SOLL und IST nur eingeschränkt interpretierbar. Die Beträge der Unterschiede zwischen den Einzelaspekten erlauben jedoch eine Abschätzung, welche Anforderungen an die Lernkultur *in Relation zu anderen Anforderungen* stärker oder weniger stark erfüllt werden. Tabelle 4.3.3 listet die Einzelaspekte entlang der Stärke dieses Unterschiedes auf.

Die drei betragsmäßig höchsten Abweichungen zwischen IST und SOLL zeigen sich im Hinblick auf „mit IT auf dem aktuellen Stand der Technik arbeiten zu können", „beständig neue Technologien kennen zu lernen" und „sich regelmäßig fort- und weiterbilden zu können". Bei diesen drei Aspekten bleibt aus Sicht der Befragten die im Durchschnitt vorgefundene „Realität" der Bundeswehr vergleichsweise weit hinter dem subjektiven „Ideal" zurück. Für den hier im Fokus stehenden Prozess der Digitalisierung sticht darüber hinaus die hohe Abweichung zwischen SOLL und IST bei der zeitgemäßen IT-Ausstattung ins Auge.

Tabelle 4.3.3: Lernkultur IST-SOLL

Inwieweit sind folgende Punkte bei Ihrer täglichen Arbeit bzw. im täglichen Dienst aus Ihrer Sicht erfüllt?	M(IST)	M(SOLL)	M(IST)-M(SOLL)
(3) mit IT auf dem aktuellen Stand der Technik arbeiten zu können	-0,19	0,70	-0,90
(8) beständig neue Technologien kennenzulernen	-0,22	0,34	-0,56
(4) sich regelmäßig fort- und weiterbilden zu können	0,10	0,64	-0,54
(7) auch mal was ausprobieren oder Fehler machen zu dürfen	0,10	0,62	-0,52
(11) Vorgesetzte zu haben, die die Nutzung IT-gestützter Arbeitsmethoden und Kommunikationsmittel vorantreiben und diese selbst anwenden	0,06	0,58	-0,52
(10) Vorgesetzte zu haben, die Lernprozesse aktiv fördern	0,16	0,66	-0,51
(5) selbstständig planen und entscheiden zu können	0,22	0,68	-0,46
(9) innovative Ideen und Vorschläge einbringen zu können	0,06	0,49	-0,43
(1) eine herausfordernde und interessante Tätigkeit ausüben zu können	0,34	0,72	-0,38
(6) im Arbeitsprozess kontinuierlich lernen zu können	0,21	0,58	-0,37
(2) immer wieder neue Aufgaben übernehmen zu können	0,16	0,36	-0,20

Anmerkungen: Wertebereich M: [-1, 1]. Die Subtraktion erfolgte mit noch nichtgerundeten Werten.

Datenbasis: ZMSBw-Bundeswehrumfrage zur Digitalkultur 2020.

4.4 Bewertung der Digitalisierung in der Bundeswehr

Wie bewerten die Bundeswehrangehörigen den Digitalisierungsprozess und wie zufrieden sind sie damit? Hierüber geben die folgenden Tabellen Auskunft. Der Anteil derjenigen, die sich positiv über den Stand der Digitalisierung in der Bundeswehr äußern, liegt mit 26 Prozent deutlich unter denjenigen, die sich negativ äußern: 34 Prozent sind mit der Digitalisierung (eher) unzufrieden. Ein Anteil von 39 Prozent wählt die Mittelposition „teils/teils".

Tabelle 4.4.1: Zufriedenheit mit der Digitalisierung in der Bundeswehr

Wie zufrieden sind Sie gegenwärtig, alles in allem, mit dem Stand der Digitalisierung in der Bundeswehr?	gesamt
zufrieden	5
eher zufrieden	21
teils/teils	39
eher unzufrieden	26
unzufrieden	8

Anmerkungen: Angaben in Prozent. Einzelne Prozentangaben ergeben mitunter in der Summe nicht 100 Prozent, da sie gerundet wurden.

Datenbasis: ZMSBw-Bundeswehrumfrage zur Digitalkultur 2020.

In einem multivariaten Basismodell wurden die Faktoren analysiert, die für das Zufriedenheitsbild verantwortlich sind (Tabelle 4.4.2). Einen sehr starken Effekt auf die Zufriedenheit hat der Grad der Informiertheit über Themen der Digitalisierung: Eine gute und zielgerichtete Informationsarbeit ist Grundlage für Akzeptanz und Zufriedenheit mit der digitalen Transformation.[5] Keinen statistisch nachweisbaren Effekt auf die Zufriedenheit haben der Status (mil./ziv.), der Ausbildungsabschluss und der Umstand, ob die eigene Nutzung von IT über eine reine Anwendung hinausgeht, sobald der Informationsgrad in das Modell einfließt (Übergang Modell 1 zu Modell 2). Ein schwacher Effekt bleibt für das Alter auch in Modell 2 erhalten: Mit steigendem Alter ist tendenziell eine höhere Zufriedenheit mit der Digitalisierung der Bundeswehr verbunden.

Tabelle 4.4.2: Multivariate Regression zur Zufriedenheit mit der Digitalisierung in der Bundeswehr

Variablen	Zufriedenheit mit der Digitalisierung in der Bundeswehr			
	Modell 1		Modell 2	
	Beta	Signifikanz	Beta	Signifikanz
Alter	0,17	***	0,10	**
Status (ziv.=1)	-0,08	*	-0,03	n.s.
Ausbildungsabschluss	-0,08	*	-0,02	n.s.
Nutzungsart (mehr als Anwendung=1)	-0,06	n.s.	-0,05	n.s.
Grad der Informiertheit über Themen der Digitalisierung			0,55	***
Korrigiertes R^2	0,04		0,33	

Anmerkungen: Signifikanzniveau: ***p<0.001; **p<0.01; *p<0.05; n.s. = nicht signifikant. Das Vorzeichen der Kennzahl Beta gibt die Richtung des Effektes an.

Datenbasis: ZMSBw-Bundeswehrumfrage zur Digitalkultur 2020.

Die mit der heutigen Digitalisierung der Bundeswehr vergleichbare „Transformation" auf IT-technischem Gebiet, die flächendeckende Modernisierung der IT der Bundeswehr im Rahmen des Projektes HERKULES Anfang der 2000er-Jahre, wurde von den Bundeswehrangehörigen grundsätzlich positiv bewertet: Die Nutzerzufriedenheit der Anwenderinnen und Anwender mit der IT-Ausstattung stieg infolge des Rollouts; Gleiches gilt für den Grad der Gewährleistung der Auftragserfüllung (Krampe/Richter 2010: 5, passim). Der damalige Rollout und die neuen Serviceleistungen rund um IT- und Kommunikationsausstattung erhöhte die Performance und die Nutzerzufriedenheit. Wie bewerten die Bundeswehrangehörigen die aktuelle Transformation, d.h. den Digitalisierungsprozess in der Bundeswehr? Ein differenziertes Meinungsbild hierüber findet sich in Tabelle 4.4.3.

---

[5] Ein sehr ähnliches Bild zeichnete eine Begleituntersuchung zur Neuausrichtung der Bundeswehr, dem umfassenden Veränderungsprozess, der Anfang der 2010er-Jahre eingeleitet wurde. Die Bewertung des Erfolgs der Umsetzung der Neuausrichtung durch die Bundeswehrangehörigen hing in hohem Maße davon ab, ob man sich gut informiert fühlte (Richter 2013: 54).

Tabelle 4.4.3: Erwartungen über Wirkungen der Digitalisierung

	Bitte beurteilen Sie die Digitalisierung in der Bundeswehr. Mit den Kästchen dazwischen können Sie Ihre Antwort abstufen. Die Digitalisierung ... 1	2	3	4	5	
ist geeignet, die Bundeswehr effizienter zu machen.	48	32	13	5	1	ist ungeeignet, die Bundeswehr effizienter zu machen.
trägt dazu bei, dass die Bundeswehr ihre Aufgaben besser erfüllen kann.	40	38	17	4	1	trägt dazu bei, dass die Bundeswehr ihre Aufgaben schlechter erfüllen kann.
motiviert mich im Dienst bzw. bei der Arbeit.	29	33	30	6	2	demotiviert mich im Dienst bzw. bei der Arbeit.
wird sich auf mich persönlich stark auswirken.	26	32	30	8	4	wird sich auf mich persönlich nicht auswirken.
Führt zu weniger Bürokratie in der Bundeswehr.	22	17	28	20	13	führt zu mehr Bürokratie in der Bundeswehr.
ist geeignet, Arbeitsprozesse zu verbessern.	39	37	18	4	2	ist ungeeignet, Arbeitsprozesse zu verbessern.
hilft, Wissen aktiv zu teilen bzw. zu erhalten.	41	36	18	5	1	hilft nicht, Wissen aktiv zu teilen bzw. zu erhalten.

Anmerkungen: Angaben in Prozent. Einzelne Prozentangaben ergeben mitunter in der Summe nicht 100 Prozent, da sie gerundet wurden.

Datenbasis: ZMSBw-Bundeswehrumfrage zur Digitalkultur 2020.

Die Frage zum Meinungsbild über Auswirkungen der Digitalisierung ist als semantisches Differential ausgestaltet, d.h. die Befragten können sich auf einem Kontinuum zwischen gegenüberliegenden Einstellungspolen verorten.[6] Jeweils eine klare bis überwiegende Mehrheit hält die Digitalisierung *erstens* für geeignet, die Bundeswehr effizienter zu machen, nimmt *zweitens* an, die Bundeswehr kann mit ihr ihre Aufgaben besser erfüllen, geht *drittens* davon aus, dass die Digitalisierung geeignet ist, Arbeitsprozesse zu verbessern, und ist *viertens* der Ansicht, dass sie dazu beiträgt, Wissen aktiv zu teilen bzw. zu erhalten.

Neben den eher organisationalen Aspekten zeigt sich für die individuelle Ebene: Eine Mehrheit fühlt sich durch die Digitalisierung im Dienst bzw. bei der Arbeit motiviert und geht generell von starken persönlichen Auswirkungen des Veränderungsprozesses aus.

---

6 Eine konkrete Zuordnung zu Antwortvorgaben (z.B. „trifft zu“) ist in dieser Frageform absichtlich nicht vorgesehen.

Ein weniger klares Meinungsbild zeigt sich für die Bürokratie in der Bundeswehr: 39 Prozent gehen von einer Reduktion der Bürokratie aus, 28 Prozent nehmen eine Mittelposition ein und 33 Prozent gehen von einem Mehr an Bürokratie infolge der Digitalisierung aus. Generell zeichnet die Bundeswehrumfrage ein positives Meinungsbild über die Digitalisierung z.B. hinsichtlich Effizienz und Effektivität; kritische Stimmen werden in Hinblick auf eine Gefahr zu Mehr Bürokratie qua Digitalisierung laut.

4.5 Vor- und Nachteile der Digitalisierung

4.5.1 Zur Analyse des Materials

Hinsichtlich der empfundenen Vor- und Nachteile der Digitalisierung sollte den Befragten die Möglichkeit gegeben werden, eigene Schwerpunkte zu setzen und ihre individuellen Erfahrungen und Ansichten hierzu festzuhalten. Im qualitativen Teil des Online-Fragebogens konnten die Befragten zwei offene Fragen beantworten:

- Frage 10: „Bitte geben Sie in freier Wortwahl an, welche Vorteile die Digitalisierung in Ihrem direkten Arbeitsumfeld für Sie hatte oder voraussichtlich noch haben wird."
- Frage 11: „Bitte geben Sie in freier Wortwahl an, welche Nachteile die Digitalisierung in Ihrem direkten Arbeitsumfeld für Sie hatte oder voraussichtlich noch haben wird."

Die Fragen konnten in entsprechenden Textfeldern beantwortet werden. Die Frage nach den Vorteilen der Digitalisierung beantworteten 57 Prozent (n=1149) der Befragten, die nach ihren Nachteilen 55 Prozent (n=1097). Hierbei sind alle Befragten enthalten, sobald sie irgendein Zeichen im Antwortfeld hinterlassen haben. Jede Äußerung ist als sinnvoller Ausdruck zu werten und die Zeichen wie „..." oder „?" bei offenen Fragen sind interpretationsbedürftig und zeigen eine gewisse Hilflosigkeit hinsichtlich der Aufgabenstellung. Bei Frage 11 wurde häufiger auf die Ausführungen zu Frage 10 verwiesen, und es fällt auf, dass bei letzterer vielfach sowohl positive als auch negative Anmerkungen gemacht wurden. Dies deutet darauf hin, dass diese Personen entweder die Anweisung zur Beantwortung der Frage nur flüchtig gelesen hatten und somit keine zweite Frage hierzu mehr erwarteten, oder, dass sie davon ausgingen, nur nach den positiven Einschätzungen gefragt zu werden und sie trotzdem ihre negativen Einschätzungen kommunizieren wollten.

Aufgrund der in Kapitel 3 beschriebenen qualitativen Methode der zusammenfassenden Inhaltsanalyse wurden die Originalanmerkungen in einem *ersten* Schritt einer Reduktion unterzogen, d.h. die Ausführungen wurden generalisiert. Beispiel: Die Antwort auf Frage 10 im Fall Nr. 77 lautet „eine schnellere Verarbeitung und Erfüllung der Aufgaben. Viel weniger Papierstapel". Dies wurde abstrahiert zu zwei Schlagworten: „effizienteres Arbeiten" sowie „weniger Papier". Eine solche Generalisierung wurde für beide Fragen für so viele Fälle vorgenommen, bis ein konstanter Sättigungseffekt erreicht war, d.h., dass durch Streichung bedeutungsgleicher Aussagen (Selektion) keine weiteren neuen Schlagworte mehr generiert werden konnten. Im *zweiten* Schritt, der Kategorisierung, wurden die so gewonnenen Schlagworte sinnbezogen zusammengefasst. So entstanden sowohl für die Vorteile als auch für die Nachteile der Digitalisierung Kategoriensysteme, die im Folgenden dargestellt und erläutert werden. Diese Kategoriensysteme werden durch wortwörtliche Zitate der Befragten ergänzt, wofür die jeweils längeren Einträge eigenständig gesichtet wurden und als Illustrationen die gemeinte Sinnstruktur verdeutlichen sollen.

4.5.2 Vorteile der Digitalisierung

Die Vorteile der Digitalisierung, die von den Befragten angeführt wurden, lassen sich drei Kategorien zuordnen, die jeweils ein eigenes Effizienzkriterium darstellen:

1. Organisatorische Effizienz: Hiermit sind Vorteile für den Arbeitsprozess oder die Organisation Bundeswehr insgesamt gemeint.
2. Soziale Effizienz: Sie betrifft die individuellen und gruppenbezogenen Verbesserungen.
3. Veränderungsdynamik: Sie bezieht sich auf das Veränderungspotenzial der Digitalisierung.

Diese Kategorien wurden in Anlehnung an Elbe und Erhardt (2020) als Überbegriffe zu den generalisierten Aussagen der Befragten gebildet, nachdem diese aufgrund ihrer sinnhaften Ähnlichkeit gruppiert worden waren. Viele der Befragten antworteten mit Aufzählungen, manche mit längeren Überlegungen oder Erfahrungsberichten, wobei sich ein differenziertes Bild hinsichtlich der positiven Beurteilung des bisherigen Digitalisierungsprozesses ergab. Hinsichtlich der zukünftigen Entwicklung wurden in Bezug auf eine ungewisse Zukunft positive oder offene Erwartungen geäußert. Die folgende Antwort macht dies exemplarisch deutlich:

> „Alles ist miteinander verbunden und durch das Internet/Intranet ständig vernetzt. Mitarbeiter können außerhalb der Bundeswehr genauso effizient arbeiten wie innerhalb. Sie greifen mit/ohne VPN-Lösungen einfach auf Daten und Anwendungen zu. Eine Cloud-Lösung würde die digitale Transformation noch viel besser erweitern und die Geschäftsprozesse weniger bürokratisch machen, dabei darf der Blick auf die IT-Security aber nicht verloren gehen. Dieser Blick und die insgesamte IT-Struktur wird sich in den nächsten Jahren noch drastisch ändern und so für ein besseres und schlankeres Arbeitsumfeld sorgen." (Nr. 581)

Chancen werden durchaus konkret für den eigenen Arbeitsbereich erkannt und weitere Verbesserungen angeregt:

> „[W]enn die Digitalisierung endlich vorangetrieben werden würde, [würde dies] zum Bürokratieabbau und zur Verbesserung der Lehrgangseinschleusung führen. Ich denke da im konkreten, das der gesamte Papierverkehr abgeschafft werden könnte, wenn man jedem Reservisten (und FWDL, SaZ usw.) von Beginn an einen Truppenausweis zur Verfügung stellen würde, müsste man nicht mühselig z.B. G-Akten und andere Unterlagen immer wieder verschicken, sondern könnte die Einschleusung, Versetzung etc. alles über das Smart-Card System laufen lassen." (Nr. 1036)

Die meisten Antworten zu den Vorteilen der Digitalisierung beschäftigten sich mit Fragen der organisatorischen Effizienz, was sich geradezu zusammengefasst in der folgenden Antwort zeigt:

> „Die Digitalisierung vereinfacht das Arbeiten und den allgemeinen Dienstalltag sehr gut. Sollte dies noch verbessert werden, sowohl von der Software als auch von der Hardware, [dann] sollte das Arbeiten innerhalb der Bundeswehr schneller und vor allem zuverlässiger werden." (Nr. 285)

Besonderer Wert wird daraufgelegt, dass durch die Digitalisierung ein flexibleres, effizienteres Arbeiten ermöglicht wird und Informationen besser verfügbar sind.

> „Ein mobiler Arbeitsplatz daheim bringt enorme Flexibilität. Es sollte jedoch ein Mix aus Präsenzarbeit und Homeoffice möglich sein. Nach Einrichtung eines Heimarbeitsplatzes daheim mit Genubox benötigte ich die Hilfe der BWI. Von der ersten Fehlermeldung mit Einrichtung eines Jobs musste ich mehrfach täglich nachfragen, um Hilfe zu bekommen. Es dauerte tatsächlich genau eine Woche, bis ich Rückruf und Hilfe durch einen IT-Kollegen bekam. Das kann überhaupt nicht gut gehen, wenn es so läuft. Die Mitarbeiter der IT scheinen dort völlig überlastet zu sein. Die Hilfe war hingegen sehr gut und effizient. Ich wünsche mir deutlich schnellere Reaktionszeiten, somit dort mehr Fachpersonal und weniger Call-Center-Mitarbeiter (welche den Mangel zu erklären versuchen)." (Nr. 1125)

Hier werden grundsätzlich positive Effekte beschrieben, die aber von Kapazitätsproblemen in der Einführungsphase begleitet werden. Nicht sehr häufig wurde ein lapidares „keine" auf die Frage nach den Vorteilen der Digitalisierung geantwortet, hingegen wurden teilweise auch Nachteile der Digitalisierung thematisiert.[7]

Generell führt die Digitalisierung in der Bundeswehr zu weniger Verwaltung, weniger Papier und weniger Reisen. Dies zeigt sich auch im Verlauf der Corona-Krise 2020.

---

[7] Diese Antworten werden in Abschnitt 4.5.3 zusammen mit den Antworten zu Frage 11 analysiert.

> „Die COVID 19 Situation hat deutlich gezeigt, dass einige Bereiche telearbeitsfähig sind und lediglich die Ausstattung fehlt oder Vorgesetzte dagegen waren. Vorteile durch digitale Medien sind die Verfügbarkeit der Informationen auch unterwegs (Dienstreisen, etc.) und auch die Möglichkeit von Zuhause aus zu arbeiten. Je weniger papierlastig die Bürokratie wird, desto angenehmer wird die Arbeit. Maßgeblich sind hierfür digitale Geräte mit aktueller Technik und keine veralteten Computer oder Lösungen mit einem Monitor. Es braucht flotte Office Laptops, ggf. Tablets/Handys und die Möglichkeit im Büro zwei Monitore nutzen zu können." (Nr. 186)

Weitere wichtige Themen sind Fehlerreduktion, Qualitätsverbesserung und kontinuierliche Verbesserung, die durch die Digitalisierung erzielt werden, sowie die positiven Effekte der Zeitersparnis, die einerseits zu qualitativen Verbesserungen im Arbeitsprozess führen und andererseits auch positiv auf die soziale Effizienz wirken.

> „Digitalisierung in meinem Arbeitsumfeld bedeutet:
> - schnelleres, zeitökonomischeres und qualitativ besseres Arbeiten
> - schnellere Verfügbarkeit und Verfügbarmachung von Wissen
> - Austausch und Vernetzung mit Kollegen ohne Zeitverzug
> - flexiblere Arbeitsgestaltung
> - bessere Vereinbarkeit von Beruf und Familie
> - bessere Work-Life-Balance
> - Stressreduzierung." (Nr. 1219)

Die folgende Aussage fasst dies noch einmal pointiert zusammen:

> „Ein großer Vorteil ist die Möglichkeit durch Home-Office und der daraus resultierenden Flexibilität, eine bessere Work-Life-Balance zu erlangen." (Nr. 644)

Die generalisierten Aussagen, die insbesondere der sozialen Effizienz zuzuordnen sind, waren: das Arbeiten zu Hause, Mobiles Arbeiten, bessere Zusammenarbeit, die Möglichkeit zur Weiterbildung, die Schaffung neuer Dienstposten sowie eine erhöhte Arbeitgeberattraktivität. Damit wirkt die soziale Effizienz in zweierlei Hinsicht: Zum einen hilft sie die Work-Life-Balance zu verbessern und zum anderen werden dadurch die sozialen Aspekte der täglichen Arbeitsbeziehungen positiv beeinflusst, was sich generell auf die Arbeitgeberattraktivität auswirkt.

> „Stichwort Attraktivität! Aus meiner Sicht kann die Digitalisierung dabei helfen die Bundeswehr als Arbeitsgeber attraktiver zu machen. Die höhere Flexibilität und Unabhängigkeit von festen Arbeitsplätzen bzw. -orten kann stark dazu beitragen. Die Akzeptanz und der Wille der Vorgesetzten und Strukturplaner, diese Möglichkeiten zu nutzen, ist dabei entscheidend. Die verstärkte Dislozierung von Ämtern und Kommandobehörden ‚in der Fläche' ist ein Kernelement, um das volle Potenzial der Digitalisierung auszunutzen." (Nr. 74)

Immer wieder findet sich der Hinweis auf die Dynamik des Veränderungsprozesses, der mit der Digitalisierung einhergeht. Neben die organisatorische und soziale Effizienz tritt damit die Veränderungsdynamik als dritte Hauptkategorie der Digitalisierung. Dieses Themenfeld ist geprägt durch den positiven Beitrag zur Pandemiebewältigung und durch die Ungewissheit der Zukunft, die aber gestaltbar erscheint und Chancen bietet.

> „Endlich das analoge DENKEN abzulegen. Die Möglichkeit zu haben, egal zu welcher Zeit respektive Ort arbeiten zu können. Schön wäre es, wenn jeder Soldat sein eignen IT-Endgerät besitzen würde.“ (Nr. 92)

Es gilt, das analoge Denken zu überwinden und mehr Innovation, neue Technik und insbesondere Telearbeit zuzulassen – hier wird auch weiterer Entwicklungsbedarf gesehen, was sich zugespitzt in der folgenden Bemerkung ausdrückt:

> „Welche Digitalisierung?“ (Nr. 207)

Ein Beispiel hierzu findet sich in den Anmerkungen aus dem sanitätsdienstlichen Bereich, die sich mit der Verbesserung des Arbeitsprozesses im Zuge der Digitalisierung beschäftigten, wobei insbesondere der Wunsch nach höherer Verfügbarkeit von digitaler Röntgentechnologie mehrfach geäußert wurde.

> „Keine Suche, kein Herumtelefonieren und Verschwinden mehr von Gesundheitsakten. Es wäre Erleichterung Einträge zu tätigen, dies wäre dann im Behandlungszimmer sofort am PC möglich. Auch erheblich weniger/kein Papier mehr. Unterschriften des Patienten wären über digitale Signaturbretter möglich, Röntgenbilder wären digital gleich mit dabei.“ (Nr. 1744)

Tabelle 4.5.1 gibt zusammengefasst einen Überblick über das Kategoriensystem zu den Vorteilen der Digitalisierung und die Zuordnung der einzelnen Kategorien.

Tabelle 4.5.1: Kategoriensystem zu den Vorteilen der Digitalisierung

Vorteile der Digitalisierung		
Organisatorische Effizienz	**Soziale Effizienz**	**Veränderungsdynamik**
Flexibleres Arbeiten	Erhöhte Arbeitgeberattraktivität	Pandemiebewältigung
Effizienteres Arbeiten	Arbeiten zu Hause	Ungewissheit
Informationen besser verfügbar	Work-Life-Balance	Chancen
Weniger Verwaltung	Bessere Zusammenarbeit	Kein analoges Denken mehr
Zeitersparnis	Mobiles Arbeiten	Innovation
Weniger Papier	Möglichkeit zur Weiterbildung	Neue Technik
Weniger Reisen	Neuer Dienstposten	
Fehlerreduktion		
Qualitätsverbesserung		
Kontinuierliche Verbesserung		

Anmerkungen: Kategoriensystem zur Frage „Bitte geben Sie in freier Wortwahl an, welche Vorteile die Digitalisierung in Ihrem direkten Arbeitsumfeld für Sie hatte oder voraussichtlich noch haben wird" aufgrund von Generalisierung und Kategorisierung.

Datenbasis: ZMSBw-Bundeswehrumfrage zur Digitalkultur 2020.

4.5.3 Nachteile der Digitalisierung

Wie gezeigt wurde, werden die positiven Effekte der Digitalisierung generell anerkannt, es gibt aber vielfach Bedenken hinsichtlich der tatsächlichen Umsetzung:

> „Kurz gesagt, wäre die Digitalisierung an sich eine Lösung und Verbesserungsmöglichkeit für viele Herausforderungen in der Bundeswehr. Dies ließe sich durch bessere Vernetzung, funktionierende IT und Software sowie Durchsetzung deren flächendeckenden Einsatzes durch alle Beschäftigten sicherstellen, was zu Vorteilen im Hinblick auf weniger Bürokratie, schnellere Abläufe und bessere Arbeitsprodukte führen würde. Die tatsächliche Umsetzung innerhalb der Bundeswehr jedoch scheint derzeit eher zu mehr Bürokratie (parallele digital-analoge Prozesse, langsame Netzwerke, ungenügende Administration) und in meinem Fall zu einer massiven Störung des Arbeitsflusses zu führen (Internetrecherche teils nicht sinnvoll möglich oder nur stark verzögert, Lade- und Speicherzeiten außerhalb jedes vernünftigen Maßes, Netzwerke so langsam, dass vernetztes Arbeiten mit Kollegen faktisch unmöglich ist etc.)." (Nr. 1949)

Hier zeigen sich Nachteile, die mit der Digitalisierung verbunden werden und die sich wiederum in das Hauptkategoriensystem einpassen lassen. Prinzipiell wurden hierzu die Antworten zu Frage 11 zugrunde gelegt, da aber bereits einige negative Anmerkungen schon bei Frage 10 gemacht worden waren – und hierauf bei Frage 11 dann teilweise auch verwiesen wurde – werden im Folgenden entsprechende Antworten zu beiden Fragen berücksichtigt.

Hinsichtlich der organisatorischen Effizienz wird beklagt, dass die Digitalisierung teilweise zu mehr Arbeit, zur Doppelung von Arbeit und insgesamt zu mehr Bürokratie führt.

> „Wenn die Digitalisierung richtig umgesetzt wird, dann würde sich meine Effizienz steigern. Momentan werden viele Dokumente mehrfach geführt und sorgen somit zu einem Mehraufwand. Auch sind Programme wie SAP, DokM und ähnliches nicht auf den Nutzer angepasst und machen die Arbeit oftmals umständlich." (Nr. 1944)

Kritisiert wird die Zunahme an Kommunikationswegen und Informationen einerseits, ein Informationsverlust aufgrund des Wegfalls unmittelbar persönlicher Kommunikation andererseits. Ähnlich zweischneidig gestaltet sich das Thema Standardisierung – hier werden Insellösungen kritisiert.

> „Häufig ist eine Vielzahl unterschiedlicher Insellösungen zur Erfüllung desselben Zweckes innerhalb unterschiedlicher oder derselben Dienststelle vorhanden. Als Beispiel sei hier genannt eine zentrale Zeit-Erfassung und parallel zusätzliche Systeme zur Stärke-Erfassung." (Nr. 37)

Es werden sogar neue Interpretationsspielräume aufgrund der Standardisierung von Prozessen beklagt.

> „– Informationsverlust
> – digitale Verfahren der Stabsarbeit erlauben noch zu viele Interpretationen hinsichtlich der Bearbeitung, dies führt zu unterschiedlichen/nicht einheitlichen Arbeitsabläufen
> – Arbeitsmehraufwand ohne standardisierte Arbeitsabläufe
> – Stichwort: ‚Blackout'
> – keine analogen Zugriffsmöglichkeiten mehr/Datenverlust." (Nr. 21)

Es zeigt sich eine zunehmende Technikabhängigkeit, die mit mangelnder Transparenz und teilweise mangelnder Funktionalität einhergeht.

> „Nach aktuellen IST Bestand am Standort ist der vergleichsweise digitale Fortschritt um 10 Jahre hinter den Behörden. Die hier zur Verfügung gestellten Programme erfüllen bei weiten nicht den Bedarf und sind eher an der Thematik vorbei. Innovationen werden kontinuierlich im Keim erstickt. Teilweise sollte mit Einführung von SAP im Perswesen die Arbeitsweisen vereinfacht werden, der Gegenteil ist der Fall manches wird 3-Fach gepflegt! fachpersonal wird zwar aktiv angeworben, jedoch stellt man diesen die Zugriffe in den Systemen nicht bereit oder blockiert ein fortschrittliches Arbeiten. Fortbildungen im Bereich IT, welche etwas für die tägliche Arbeit bringen werden nur außerhalb der Bundeswehr angeboten (Selber zahlen)." (Nr. 1511)

Begleitet werden die organisatorischen Nachteile auch durch negative Effekte der sozialen Effizienz. Auffallend ist hier, dass mehrfach die fehlende Führungsleistung kritisiert wird, wenn E-Mail-Nachrichten von Vorgesetzten einfach weitergeleitet werden, ohne dass damit eine konkrete Zielrichtung oder Hilfestellung zur Auftragsbearbeitung verbunden wird. Teilweise findet zudem eine technische Substituierung in Führungsprozessen statt, die personelle Konsequenzen hat:

> „Einige Arbeitsprozesse würde eine Digitalisierung vorantreiben. Doch im Rahmen von Führungsprozessen ist die Nutzung von Apps wie Stashcat[8] von einigen Vorgesetzten favorisierter als einen Melder zu Fuß zu schicken. Was mitunter auch zu Mängeln in der Informationsweitergabe führt." (Nr. 1823)

Die Kritik reicht hier bis hin zum Verlust von Arbeitsplätzen aufgrund von Digitalisierungsmaßnahmen. Vielfach werden Ausbildungsmängel, eine fehlende soldatische Ausbildung und ein zunehmender Schulungsaufwand kritisiert und teilweise ebenso personalisiert:

> „– Ältere Personen sind oft nicht ganzheitlich an den Systemen ausgebildet
> – Vorgänge werden nicht ganzheitlich/lückenhaft bearbeitet" (Nr. 21)

Eine doppelte Bedeutung kommt auch der Vermischung von Dienstlichem und Privatem zu. Es wird auf der einen Seite unter anderem vermutet, die Tätigkeit im Homeoffice würde als Ausrede missbraucht, auf der anderen Seite werden fehlende Arbeitszeitregelungen, ein Verlust sozialer Kontakte, ein Verlust von Autonomie, eine Intensivierung von Arbeit und eine Entmenschlichung des Arbeitsprozesses beklagt. Dies zeigt sich unter anderem in der folgenden Aufzählung:

> „– Abhängigkeit von der Digitaltechnik
> – Druck zum schnelleren Arbeiten
> – Erwartung von Vorgesetzten, dass alles schneller gehen muss/sollte
> – die Gefahr der ‚Digitalen Demenz'" (Nr. 54)

Die Entwicklungsperspektive (Veränderungsdynamik) ist zuerst einmal davon geprägt, dass die Frage nach den Nachteilen der Digitalisierung auffallend häufig mit dem Wörtchen „keine" beantwortet wurde. Ansonsten wird ein Umdenken hinsichtlich der Ausgestaltung von Verfahren und die Aufgabe von Widerständen gefordert:

> „Bisher ist der einzige Nachteil, dass nicht alle Nutzer von der Digitalisierung und damit von der nahezu papierlosen Bearbeitung überzeugt sind und ‚alte' Verfahrensmuster beibehalten." (Nr. 121)

---

8 Stashcat ist eine Kommunikationsanwendung für dienstliche und private Endgeräte, mittels derer Informationen unterhalb VS-NfD übermittelt werden können.

Nachteilig erscheinen auch unterschiedliche Einführungsstände und teilweise alte Hardware:

> „Frustrationsabbau – bei einigen Programmen stürzt ständig der APC ab. Arbeitsergebnisse muss ich ständig zwischenspeichern um die Daten zu ‚retten'. Ich würde gerne mobil arbeiten, aber es ist nach Aussage der S6 Abt keine Ausstattung vorhanden. Für eine moderne Armee ein schwaches Bild. Diensttelefone (mobil) sind anscheinend auch Mangelware, was in der Phase des Lockdowns dazu führte, dass jeder auf sein privates Mobiltelefon zurückgreifen musste – ein äußerst schwaches Bild." (Nr. 1671)

Generell werden Einführungsturbulenzen kritisiert und dabei auch der Verlust sinnvoller analoger Verfahren. Auch für die Nachteile der Digitalisierung lässt sich das Kategoriensystem abbilden (Tabelle 4.5.2):

Tabelle 4.5.2: Kategoriensystem zu den Nachteilen der Digitalisierung

Nachteile der Digitalisierung		
Organisatorische Effizienz	**Soziale Effizienz**	**Veränderungsdynamik**
Mehr Bürokratie	Fehlende Führung (LoNo)	Keine Nachteile
Mehr Arbeit	Ausbildungsmängel	Umdenken
Doppelung von Arbeit	Fehlende soldatische Ausbildung	Widerstände
Vielzahl von Kommunikationswegen	Fehlende Arbeitszeitregelungen	Alte Hardware
Zu viele Informationen	Schulungsaufwand	Unterschiedliche Einführungsstände
Insellösungen	Verlust von Arbeitsplätzen	Einführungsturbulenzen
Interpretationsspielräume	Verlust sozialer Kontakte	Verlust analoger Verfahren
Standardisierung von Prozessen	Verlust an Autonomie	
Mangelnde Transparenz	Intensivierung von Arbeit	
Informationsverlust	Entmenschlichung	
Mangelnde Funktionalität	Homeoffice als Ausrede	
Technikabhängigkeit	Vermischung von Dienstlichem und Privatem	

Anmerkungen: Kategoriensystem zur Frage „Bitte geben Sie in freier Wortwahl an, welche Nachteile die Digitalisierung in Ihrem direkten Arbeitsumfeld für Sie hatte oder voraussichtlich noch haben wird" aufgrund von Generalisierung und Kategorisierung.

Datenbasis: ZMSBw-Bundeswehrumfrage zur Digitalkultur 2020.

4.6 Digitalisierung und direktes Arbeitsumfeld

Die Pole der arbeitswissenschaftlichen Debatte um die Wirkungen der Digitalisierung lassen sich wie folgt skizzieren: *Zum einen* birgt die Digitalisierung die Chance, die Arbeitswelt humaner zu gestalten, etwa durch Automatisierungsprozesse, einen Rückgang manueller Routinetätigkeiten und eine Entlastung von körperlichen Anstrengungen. *Zum anderen* besteht jedoch die Gefahr, dass mit ihr eine höhere Arbeitsbelastung und Arbeitsintensität bis hin zu Kontrollverlusten über das eigene Arbeitsergebnis verbunden sein kann. Der Deutsche Gewerkschaftsbund (DGB) führte in diesem Zusammenhang 2016 eine Repräsentativumfrage unter abhängig Beschäftigten zum „DGB-Index Gute Arbeit 2016“ durch (Institut DGB-Index Gute Arbeit 2017).[9] Im Zentrum standen dabei die Wirkungen der Digitalisierung der Arbeitswelt auf die Beschäftigten.

Einige Indikatoren der DGB-Repräsentativumfrage wurden auch in der Befragung zur Digitalisierung im GB BMVg aufgegriffen, um Vergleiche anstellen zu können. Gefragt nach der Gesamtbilanz geben 46 Prozent der abhängig Beschäftigten in der DGB-Umfrage an, dass die Arbeitsbelastung durch die Digitalisierung größer geworden ist, für 9 Prozent ist sie geringer geworden und für 45 Prozent gleich geblieben (ebd.: 4). In der Bundeswehr zeichnet sich eine ähnliche Tendenz zu einer erhöhten Arbeitsbelastung infolge der Digitalisierung ab, wenn auch im Vergleich zur bundesweiten DGB-Umfrage in abgeschwächter Form. Für 29 Prozent der Bundeswehrangehörigen steigt die Arbeitsbelastung, für 12 Prozent wird sie geringer und 59 Prozent können keine Änderung feststellen. Tabelle 4.6.1 stellt all diejenigen Aspekte gegenüber, die sowohl in der Studie des ZMSBw als auch in der des DGB thematisiert wurden.

Ähnlich wie bei der Arbeitsbelastung ist auch ein Anstieg der Arbeitsmenge infolge der Digitalisierung feststellbar. Auch hier ist der Effekt in der Bundeswehr im Vergleich zur Privatwirtschaft weniger stark ausgeprägt. Für einen überwiegenden Anteil von 80 Prozent der Bundeswehrangehörigen verändern sich die Entscheidungsspielräume in Zusammenhang mit der Digitalisierung nicht, jeweils 10 Prozent stellen für sich eine Verringerung bzw. eine Erhöhung des Entscheidungsspielraums fest. Dagegen sind die

[9] Der Bericht basiert auf den Angaben von 9.601 abhängig Beschäftigten (ohne Auszubildende). Die Daten wurden im Rahmen der deutschlandweiten Repräsentativumfrage erhoben. Befragt wurden dabei Arbeitnehmerinnen und Arbeitnehmer aus allen Branchen, Einkommens- und Altersgruppen, Regionen, Betriebsgrößen, Wirtschaftszweigen und Beschäftigungsverhältnissen, gewerkschaftlich organisierte wie Nicht-Mitglieder. Die Angaben der Angehörigen der wichtigsten Beschäftigtengruppen sind mit jeweils dem Anteil ins Umfrageergebnis eingeflossen, der ihrem deutschlandweiten Anteil an der Arbeitnehmerschaft entspricht. Das Ergebnis ist damit repräsentativ für das Urteil der Beschäftigten im gesamten Bundesgebiet.

Konsequenzen der Digitalisierung in der Privatwirtschaft eindeutiger: 27 Prozent verbinden mit der neuen digitalen Arbeitswelt auch eine Ausweitung ihres Entscheidungsspielraums.

Interessant ist auch der direkte Vergleich zwischen der DGB-Studie und der ZMSBw-Studie in Hinblick auf die Work-Life-Balance. Digitalisierung führt im Durchschnitt zu einer besseren Vereinbarkeit von Dienst bzw. Arbeit und Familie sowie zu mehr Möglichkeiten für mobiles Arbeiten. Dieser Effekt ist in der Bundeswehr den Daten zufolge stärker ausgeprägt als in der Privatwirtschaft. Zu einem gewissen Umfang dürfte für diesen Unterschied der Erhebungszeitpunkt der beiden Studien eine Rolle spielen: Die ZMSBw-Umfrage fiel in die Zeit der Corona-Pandemie, die auch in der Bundeswehr zu einer Ausweitung von mobilen Arbeitsformen (Telearbeit, Homeoffice, Mobiles Arbeiten in verschiedenen Varianten usw.) geführt hat. Die Daten der DGB-Studie stammen aus dem Jahr 2016.

In der Privatwirtschaft beklagen 46 Prozent ein Mehr an Überwachung und Kontrolle der eigenen Arbeit in Zusammenhang mit Digitalisierungsprozessen. In der Bundeswehr ist ein ähnlicher Trend festzustellen, jedoch in abgeschwächter Form: 30 Prozent verbinden mit der Digitalisierung mehr Überwachung, 7 Prozent weniger Überwachung und eine absolute Mehrheit von 63 Prozent nimmt eine Mittelposition ein.

Tabelle 4.6.1: Auswirkung der Digitalisierung auf das direkte Arbeitsumfeld

Bitte geben Sie nun an, wie sich die Digitalisierung in Ihrem direkten Arbeitsumfeld bisher auf Sie ausgewirkt hat. Durch die Digitalisierung … *Werte ohne Klammern: Bw-Umfrage zur Digitalkultur* *Werte in Klammern: Institut DGB-Index Gute Arbeit*	geringer geworden	etwa gleich geblieben	größer geworden
1. ist meine Arbeitsbelastung insgesamt …	12 (9)	59 (45)	29 (46)
2. ist die für mich zu bewältigende Arbeitsmenge …	6 (7)	61 (39)	33 (54)
3. ist mein Entscheidungsspielraum bei der Arbeit …	10 (13)	80 (60)	10 (27)
4. ist für mich die Vereinbarkeit von Dienst und Familie …	6 (11)	59 (68)	35 (21)
5. ist der mobile Anteil meiner Arbeit (von zu Hause oder unterwegs) für mich …	7 (12)	59 (60)	34 (28)
6. ist die Überwachung und Kontrolle meiner Arbeit …	7 (4)	63 (50)	30 (46)
7. ist der Qualitätsanspruch an mein Arbeitsergebnis …*	4	66	30
8. ist die Unstetigkeit der Arbeit (z. B. aufgrund von Unterbrechungen) …*	13	59	28
9. ist für mich der Stresslevel bei der Arbeit …*	16	58	26
10. ist für mich der Zeitdruck bei der Arbeit …*	13	58	28

Anmerkungen: Angaben in Prozent. Einzelne Prozentangaben ergeben mitunter in der Summe nicht 100 Prozent, da sie gerundet wurden. *Item wurde nur in der ZMSBw-Bundeswehrumfrage so abgefragt.

Datenbasis: Institut DGB-Index Gute Arbeit 2017 und ZMSBw-Bundeswehrumfrage zur Digitalkultur 2020.

Vor dem Hintergrund der arbeitswissenschaftlichen Debatte um „Digitalen Stress“ (Gimpel et al. 2018) wurden weitere Aspekte in der Bundeswehrumfrage thematisiert, die in der DGB-Studie nicht explizit enthalten waren. In allen vier zusätzlichen Aspekten, dem Qualitätsanspruch an die Arbeit, der Unstetigkeit der Arbeit, dem Stresslevel und dem Zeitdruck, wirkt die Digitalisierung in der Bundeswehr als Treiber. Mit einer Spannweite von 26 bis 30 Prozent werden hier je nach Einzelaspekt Steigerungen wahrgenommen, während 4 bis 16 Prozent Verringerungen verspüren. Für eine absolute Mehrheit (Spannweite von 58 bis 66 Prozent) wirkt sich die Digitalisierung jedoch in diesen Bereichen der Arbeitswelt bzw. des täglichen Dienstes nicht in die eine oder andere Richtung spürbar aus.

Neben einem Vergleich der Befragung in der Bundeswehr mit der Digitalisierung in der Privatwirtschaft kann auch eine bundeswehrinterne Vergleichsperspektive eingenommen werden. Hierzu wurde eine Informationsverdichtung für eine Gegenüberstellung des Antwortverhaltens von militärischem und zivilem Personal vorgenommen. Die Mittelwerte in Tabelle 4.6.2 sind so zu interpretieren, dass Zahlen kleiner Null eine durchschnittliche Verringerung, Zahlen größer Null eine durchschnittliche Erhöhung in den Teilgruppen indizieren. Signifikante Unterschiede sind nur für die Aspekte 3, 4 und 5 nachweisbar, d.h. für die zivilen Bundeswehrangehörigen geht die Digitalisierung im Vergleich zum militärischen Personal in stärkerem Maße mit einer Erhöhung des Entscheidungsspielraums und mit einer verbesserten Work-Life-Balance einschließlich mobiler Arbeitsformen einher.

Tabelle 4.6.2: Auswirkung der Digitalisierung auf das direkte Arbeitsumfeld – Statusvergleich

Bitte geben Sie nun an, wie sich die Digitalisierung in Ihrem direkten Arbeitsumfeld bisher auf Sie ausgewirkt hat. Durch die Digitalisierung …	M(mil.)	M(ziv.)	M(mil.)-M(ziv.)
1. ist meine Arbeitsbelastung insgesamt …	0,18	0,18	n.s.
2. ist die für mich zu bewältigende Arbeitsmenge …	0,27	0,28	n.s.
3. ist mein Entscheidungsspielraum bei der Arbeit …	-0,03	0,02	-0,06*
4. ist für mich die Vereinbarkeit von Dienst und Familie …	0,22	0,36	-0,14***
5. ist der mobile Anteil meiner Arbeit (von zu Hause oder unterwegs) für mich …	0,18	0,35	-0,17***
6. ist die Überwachung und Kontrolle meiner Arbeit …	0,22	0,24	n.s.
7. ist der Qualitätsanspruch an mein Arbeitsergebnis …	0,28	0,24	n.s.
8. ist die Unstetigkeit der Arbeit (z. B. aufgrund von Unterbrechungen) …	0,15	0,16	n.s.
9. ist für mich der Stresslevel bei der Arbeit …	0,09	0,12	n.s.
10. ist für mich der Zeitdruck bei der Arbeit …	0,17	0,16	n.s.

Anmerkungen: Wertebereich M: [-1; 1]. T-Test. Signifikanzniveau: ***p<0.001; **p<0.01; *p<0.05; n.s. = nicht signifikant.

Datenbasis: ZMSBw-Bundeswehrumfrage zur Digitalkultur 2020.

4.7 Voraussetzungen für die Digitalisierung in der Bundeswehr

Tabelle 4.7.1 gibt die Antworten der Bundeswehrangehörigen zu einigen Aspekten wieder, die eine Voraussetzung für eine erfolgreiche Digitalisierung in der Bundeswehr bilden. Was die Ausstattung mit Hard- und Software betrifft, gibt eine Mehrheit an, dass sie damit ihre dienstlichen Aufgaben erfüllen kann (Item 1 und 2). Im Rahmen einer bundeswehrweiten Umfrage kann nicht ermittelt werden, in welchen Bereichen und bei welchen Dienstposten die Ausstattung nicht ausreichend ist. Immerhin geben 17 Prozent eindeutig an, dass es an Hardware mangelt; 12 Prozent verfügen nicht über die erforderliche Software. Entsprechende Analysen über die Ausstattungsdefizite müssten auf der Ebene der Dienststellen selbst ansetzen.

Dabei gilt es zu berücksichtigen, dass 61 Prozent der Befragten sich mehr Mitsprachemöglichkeiten bei der IT-Ausstattung an ihrem Arbeitsplatz wünschen (Item 4). Ein Ziel der flächendeckenden Modernisierung der Bundeswehr-IT im Rahmen von HERKULES war es, Insellösungen zu vermeiden und die Informations- und Kommunikationstechnologie zu vereinheitlichen und zu standardisieren. Nach wie vor kollidiert diese Zielsetzung offenbar in Teilbereichen mit dem Erfordernis, geeignete nutzerspezifische Lösungen bereitstellen zu können.

Tabelle 4.7.1: Voraussetzungen für die Digitalisierung der Bundeswehr

Inwieweit treffen die folgenden Aussagen zu?	trifft zu	trifft eher zu	teils/teils	trifft eher nicht zu	trifft nicht zu
1. Ich verfüge über die erforderliche Hardware, um meine dienstlichen Aufgaben zu erfüllen.	30	30	24	11	6
2. Ich verfüge über die erforderliche Software, um meine dienstlichen Aufgaben zu erfüllen.	32	33	22	7	5
3. Ich habe die erforderlichen Kenntnisse für den Umgang mit den digitalen Technologien an meinem Arbeitsplatz.	34	33	25	7	2
4. Ich wünsche mir was die IT-Ausstattung an meinem Arbeitsplatz betrifft mehr Mitsprachemöglichkeiten.	34	27	22	12	5
5. Ich habe die entsprechende Ausbildung für den Umgang mit den digitalen Technologien an meinem Arbeitsplatz.	22	24	28	16	9
6. Ich habe Angst, dem digitalen Fortschritt hinterherzuhinken.	9	14	24	25	27
7. Die digitale Technik schreckt mich im Großen und Ganzen ab.	1	4	12	21	62
8. Die Beschaffungsprozesse für IT sind transparent.	2	5	27	34	31
9. Die Beschaffungsprozesse für IT dauern zu lange.	58	22	16	3	2
10. Mein direkter Vorgesetzter/meine direkte Vorgesetzte kümmert sich aktiv darum, dass ich die erforderliche IT habe.	16	26	29	17	12
11. Die IT-Sicherheit ist für meinen direkten Vorgesetzten/meine direkte Vorgesetzte ein wichtiges Thema.	29	32	24	10	4
12. Ich konnte meine Arbeit auch in der Corona-Krise erledigen.	41	17	19	10	12

Anmerkungen: Angaben in Prozent. Einzelne Prozentangaben ergeben mitunter in der Summe nicht 100 Prozent, da sie gerundet wurden.

Datenbasis: ZMSBw-Bundeswehrumfrage zur Digitalkultur 2020.

Sehr schlechte Noten erhalten die Beschaffungsprozesse für IT in der Bundeswehr (Item 8 und 9). Aus Sicht von 65 Prozent der Befragten sind diese nicht transparent und 80 Prozent bemängeln eine zu lange Dauer der Beschaffungsverfahren. Diese Dimension der Digitalkultur kann als der eigentliche kritische Faktor im Prozess der Digitalisierung der Bundeswehr identifiziert werden.

Während die Prozessebene Anlass für Handlungsbedarf gibt, scheinen im Bereich der motivationalen Grundlagen des Veränderungsprozesses vergleichsweise wenig Hindernisse zu bestehen: Nur 5 Prozent schreckt die digitale Technik im Großen und Ganzen ab (Item 7), und 23 Prozent der Befragten haben die Befürchtung, dem digitalen Fortschritt hinterherzuhinken. Einer Online-Bevölkerungsumfrage aus dem Jahr 2019 zufolge haben 37 Prozent der Deutschen das Gefühl, dass sich die digitale Technik so schnell entwickelt, dass sie nicht mehr mithalten können (Kirchner 2019: 10). Dieses Gefühl nimmt mit dem Alter zu, liegt aber selbst bei den 18- bis 39-Jährigen über der 30-Prozentmarke (ebd.). Der Vergleich mit der Gesamtbevölkerung deutet also auf eher geringe Berührungsängste der Bundeswehrangehörigen mit der Digitalisierung hin.

Eine zentrale Voraussetzung für die Digitalisierung ist das „Können" der Nutzerinnen und Nutzer, d.h. ob ausreichend Kenntnisse vorhanden sind und der Ausbildungsstand angemessen ist. Nur 9 Prozent verfügen den eigenen Angaben zufolge nicht über die erforderlichen Kenntnisse für den Umgang mit den digitalen Technologien an ihrem Arbeitsplatz (Item 3). Eine überwiegende Mehrheit von 67 Prozent sieht hier keine grundlegenden Defizite. Dagegen ist der Ausbildungsstand noch nicht in allen Fällen ausreichend (Item 5): 25 Prozent der Befragten geben an, dass sie nicht über die entsprechende Ausbildung für den Umgang mit den digitalen Technologien an ihrem Arbeitsplatz verfügen.

Die Rolle der Vorgesetzten wird von den Befragungsteilnehmern und -teilnehmerinnen ambivalent beurteilt. 29 Prozent der Befragten sind (eher) nicht der Ansicht, dass ihre direkten Vorgesetzten sich aktiv darum kümmern, dass sie die erforderliche IT haben; 42 Prozent bewerten das Engagement ihrer direkten Vorgesetzten eher positiv. Die IT-Sicherheit ist für die direkten Vorgesetzten aus Sicht von nur 14 Prozent kein wichtiges Thema. Hier werden die Vorgesetzten vergleichsweise positiv beurteilt.

Am Schluss wurde anlassbezogen gefragt, ob man seine Arbeit auch in der Corona-Krise erledigen konnte. Die meisten, d.h. 58 Prozent, bejahten dies, 19 antworteten mit „teils/teils" und 22 Prozent hatten offenbar Schwierigkeiten. Eine Analyse der Gründe, die diese Gruppe von 22 Prozent an der Erledigung ihrer Arbeit hinderten und die mit der Digitalisierung direkt oder indirekt zu tun haben, erfolgt gesondert weiter unten.

Zuvor jedoch wieder ein Blick auf den Statusvergleich (mil./ziv.), wo sich bei vier Voraussetzungen für die Digitalisierung Unterschiede zeigen (Tabelle 4.7.2). Soldaten und Soldatinnen verfügen *erstens* in geringerem Maße über die erforderliche Hardware, haben *zweitens* etwas weniger Berührungsängste mit der digitalen Technik, haben *drittens* eher Vorgesetzte, die sich nicht aktiv um die IT-Ausstattung kümmern, und konnten *viertens* den eigenen Angaben zufolge ihre dienstlichen Aufgaben in der Corona-Krise nicht so gut erledigen wie ihre zivilen Pendants.

Tabelle 4.7.2: Voraussetzungen für die Digitalisierung der Bundeswehr

Inwieweit treffen die folgenden Aussagen zu?	M(mil.)	M(ziv.)	M(mil.)-M(ziv.)
1. Ich verfüge über die erforderliche Hardware, um meine dienstlichen Aufgaben zu erfüllen.	0,29	0,38	-0,09**
2. Ich verfüge über die erforderliche Software, um meine dienstlichen Aufgaben zu erfüllen.	0,38	0,42	n.s.
3. Ich habe die erforderlichen Kenntnisse für den Umgang mit den digitalen Technologien an meinem Arbeitsplatz.	0,45	0,45	n.s.
4. Ich wünsche mir was die IT-Ausstattung an meinem Arbeitsplatz betrifft mehr Mitsprachemöglichkeiten.	0,38	0,36	n.s.
5. Ich habe die entsprechende Ausbildung für den Umgang mit den digitalen Technologien an meinem Arbeitsplatz.	0,17	0,16	n.s.
6. Ich habe Angst, dem digitalen Fortschritt hinterherzuhinken.	-0,25	-0,23	n.s.
7. Die digitale Technik schreckt mich im Großen und Ganzen ab.	-0,72	-0,67	-0,05*
8. Die Beschaffungsprozesse für IT sind transparent.	-0,41	-0,46	n.s.
9. Die Beschaffungsprozesse für IT dauern zu lange.	-0,68	-0,63	n.s.
10. Mein direkter Vorgesetzter/meine direkte Vorgesetzte kümmert sich aktiv darum, dass ich die erforderliche IT habe.	0,00	0,16	-0,16***
11. Die IT-Sicherheit ist für meinen direkten Vorgesetzten/meine direkte Vorgesetzte ein wichtiges Thema.	0,35	0,37	n.s.
12. Ich konnte meine Arbeit auch in der Corona-Krise erledigen.	0,28	0,36	-0,08*

Anmerkungen: Wertebereich M: [-1; 1]. T-Test. Signifikanzniveau: ***p<0.001; **p<0.01; *p<0.05; n.s. = nicht signifikant.

Datenbasis: ZMSBw-Bundeswehrumfrage zur Digitalkultur 2020.

4.8 Menschenführung und Digitalisierung

„Digitalisierung ist das Megathema der Bundeswehr in der nächsten Dekade und ist vor allem Führungsaufgabe.“[10] Ausgehend von dieser Feststellung wurde nach den Wirkungen der Digitalisierung auf die Menschenführung in der Bundeswehr gefragt. Dabei konnte in dem vorgegebenen Rahmen der Untersuchung der Digitalkultur die Führungskultur nur gestreift werden. In der Arbeitswissenschaft wird aktuell diskutiert, inwieweit

[10] Mit diesen Worten hatte die ehemalige Verteidigungsministerin Ursula von der Leyen die Dimension der Digitalisierung für die Streitkräfte anlässlich der Vorstellung der „Umsetzungsstrategie Digitale Bundeswehr“ (BMVg 2019) umrissen (zit. nach <www.bmvg.de/de/themen/ruestung/digitalisierung/umsetzungsstrategie-digitale-bundeswehr>, letzter Zugriff: 12.11.2020).

sich Führungsbeziehungen zwischen Führungskräften und Mitarbeitern und Mitarbeiterinnen zukünftig infolge der Digitalisierung verändern werden. In Anlehnung an die in einer Netnografie entwickelten Notwendigkeitstypen von Führung in einer digitalisierten Arbeitswelt bei Weber und Kolleginnen (2018: 8) wurde nach der Bedeutung von Führung auch in Hinblick auf die Digitalisierung in der Bundeswehr gefragt. Eine Mehrheit der Bundeswehrangehörigen von 58 Prozent geht davon aus, dass sich die Bedeutung von Führung nicht grundsätzlich ändern wird. Digitalisierung ist dann nur ein Mittel der Führungsunterstützung und nicht mehr (Tabelle 4.8.1).

Tabelle 4.8.1: Menschenführung und Digitalisierung

Welcher der drei Aussagen zum Thema „Menschenführung und Digitalisierung" würden Sie am ehesten zustimmen?	gesamt	mil.**	ziv.**
1. Führung wird infolge der Digitalisierung an Bedeutung verlieren.	15	17	12
2. Die Digitalisierung dient nur der Führungsunterstützung, sodass sich die Bedeutung von Führung nicht grundsätzlich ändern wird.	58	59	58
3. Führung wird infolge der Digitalisierung an Bedeutung gewinnen.	27	24	30

Anmerkungen: Angaben in Prozent. Einzelne Prozentangaben ergeben mitunter in der Summe nicht 100 Prozent, da sie gerundet wurden. Chi^2-Test. Signifikanzniveau: ***p<0.001; **p<0.01; *p<0.05; n.s. = nicht signifikant.

Datenbasis: ZMSBw-Bundeswehrumfrage zur Digitalkultur 2020.

Dagegen gehen 27 Prozent von einem Bedeutungsgewinn von Führung infolge der Digitalisierung aus, deutlich mehr als die 15 Prozent, die der Führung einen Bedeutungsverlust attestieren. Der Anteil derjenigen, die von einem Bedeutungsgewinn von Führung ausgehen, ist unter dem zivilen Personal signifikant höher als unter den Soldatinnen und Soldaten.

Die Entwicklung und Umsetzung eines Konzepts zum Aufbau einer Digitalkultur für den GB BMVg soll unter der Annahme erfolgen, dass der Mensch im Mittelpunkt aller technischen Veränderungen steht (BMVg 2019: 17). Der Menschenführung kommt hierbei eine Schlüsselfunktion zu und die „Umsetzungsstrategie Digitale Bundeswehr" formuliert konsequenterweise einige Anforderungen an die Führungskräfte aller Abteilungen und Stäbe im BMVg und den Organisationsbereichen:

> „Das bedeutet z.B.
>
> – Aufbau Akzeptanz für Zugehörigkeit digitaler Technologien im Arbeitsalltag und die damit verbundenen Veränderungen,
>
> – Stärkung Vorbildrolle der Führungskräfte zur Förderung einer Digitalkultur,
>
> – Entwicklung Fehlertoleranz, in der Führungskräfte eigenverantwortliche Arbeitsweisen sowie neue Ideen und Impulse unterstützen und fördern, und

– Stärken einer verantwortungsvollen Sicherheitskultur beim Einsatz digitaler Technologien, um den Schutzbedarf militärischer Digitalisierungsaktivitäten mit dem Innovationspotenzial der Digitalisierung zu verbinden.“ (ebd.)

Die *Akzeptanz* der Digitalisierung scheint weitgehend vorhanden zu sein, was in einem relativ hohen Grad an Motivation durch die Digitalisierung zum Ausdruck kommt (vgl. Tabelle 4.4.3). Was können die Befragungsergebnisse, die der Feststellung des IST-Zustandes der Digitalkultur der Bundeswehr dienen, zur *Vorbildrolle* der Führungskräfte aussagen? In Tabelle 4.3.3. findet sich ein Aspekt der Lernkultur im IST/SOLL-Vergleich, der einen Beitrag zur Beantwortung dieser Frage leisten kann: „Vorgesetzte zu haben, die die Nutzung IT-gestützter Arbeitsmethoden und Kommunikationsmittel vorantreiben und diese selbst anwenden“. Von den insgesamt elf abgefragten Aspekten steht dieser an fünfter Stelle mit einem somit vergleichsweise hohen SOLL/IST-Delta, d.h. seitens der befragten Bundeswehrangehörigen besteht der weitverbreitete Wunsch, dass die Führungskräfte bzw. Vorgesetzten ihrer Vorbildrolle im Rahmen der Digitalisierung stärker nachkommen. Ähnliches gilt für die Möglichkeiten, auch einmal etwas ausprobieren oder Fehler machen zu dürfen (Tabelle 4.3.3). Dieser Aspekt steht an vierter Stelle der Liste, d.h. mit anderen Worten: Die Bundeswehrangehörigen vermissen oftmals noch eine Kultur der *Fehlertoleranz*, in der Führungskräfte eigenverantwortliche Arbeitsweisen sowie neue Ideen und Impulse unterstützen und fördern. Zum Thema *Sicherheitskultur* liefert Item 11 aus Tabelle 4.7.1 eine erste Einschätzung. Für eine überwiegende Mehrheit trifft es zu, dass die IT-Sicherheit für ihren direkten Vorgesetzten bzw. ihre direkte Vorgesetzte ein wichtiges Thema ist.

4.9 Digitale Arbeitsmittel in der Corona-Krise

In Ergänzung zum ursprünglichen Fragebogen, der Anfang 2020 vor allem mit dem Ziel der Feststellung der IST-Situation der Digitalkultur der Bundeswehr konstruiert wurde, wurden in Reaktion auf die dann hereingebrochene Corona-Krise spezielle Fragen aufgenommen. Tabelle 4.9.1 gibt Auskunft über die digitalen Möglichkeiten, die während der Krise (hier bezogen auf September/Oktober 2020) zur Verfügung standen. Die Liste wurde vom BMVg Referat CIT I 4 erstellt und umfasst neben den beiden zentralen Voraussetzungen für das Homeoffice eine Reihe von Spezialanwendungen und Tools. Es wurde jeweils der IST-Zustand erhoben, d.h. ob ein digitales Arbeitsmittel zur Verfügung stand und es auch faktisch genutzt wurde, und, falls dies nicht der Fall war, ob man sich ein solches Arbeitsmittel auch gewünscht hätte.

Die Qualität und Validität der Daten kann als eher gering bewertet werden. Den Angaben der Befragten zufolge stand z.B. für 24 Prozent eine Telearbeitsausstattung (fester Arbeitsplatz zu Hause) und für 33 Prozent eine Ausstattung für mobiles Arbeiten (ortsunabhängig) zur Verfügung – ob tatsächlich genutzt oder nicht. Da eine Ausstattung für mobiles Arbeiten nur dann bereitgestellt wird, wenn nicht schon ein Telearbeitsplatz eingerichtet wird, führt dies insgesamt zu einer Ausstattung mit IT für das Homeoffice von 57 Prozent der Befragten. Dies kann als unrealistisch hoch gewertet werden. Gleiches gilt für die Anteile, die eine der beiden Voraussetzungen gerne genutzt hätten, welche aber nicht zur Verfügung standen (47 Prozent bei „Telearbeitsausstattung" und 46 Prozent bei „Ausstattung für mobiles Arbeiten"). Dies würde bedeuten, dass 93 Prozent den Wunsch nach einer Ausstattung für mindestens eine der beiden Homeoffice-Varianten haben, wobei gleichzeitig der Ausstattungsgrad bereits bei 57 Prozent liegt!

Tabelle 4.9.1: Digitale Arbeitsmittel in der Corona-Krise

Welche digitalen Möglichkeiten standen Ihnen während der Corona-Krise zur Verfügung?	stand zur Verfügung, habe ich auch genutzt	stand zur Verfügung, habe ich aber nicht genutzt	stand nicht zur Verfügung, hätte ich aber gerne genutzt	stand nicht zur Verfügung, hätte ich auch nicht gerne genutzt	kenne ich nicht
1. Telearbeitsausstattung	19	5	47	20	8
2. Ausstattung für mobiles Arbeiten	26	7	46	14	7
3. Stashcat/Bundeswehr Messenger/Matrix	20	17	11	13	39
4. Videokonferenztechnik	18	16	25	28	12
5. Telefonkonferenzen	37	19	19	17	8
6. Skype	3	7	31	51	8
7. MS Teams	4	6	17	15	58
8. Zoom	2	4	17	25	52
9. WebEx	31	14	13	9	33
10. Sharepoint	9	7	16	16	52
11. Connect	6	10	7	13	63
12. Slack	0	2	5	10	83
13. Trello	0	1	5	7	86
14. Doodle/ Terminvereinbarungstool	3	8	16	25	48
15. Lernplattform ILIAS	5	11	10	14	60

Anmerkungen: Angaben in Prozent. Einzelne Prozentangaben ergeben mitunter in der Summe nicht 100 Prozent, da sie gerundet wurden.

Datenbasis: ZMSBw-Bundeswehrumfrage zur Digitalkultur 2020.

Offenbar wurde die Frage in Tabelle 4.9.1 von den Befragten nicht so verstanden, wie sie intendiert war. Die Befragungsergebnisse lassen aber den Schluss zu, dass ein weitverbreiteter Wunsch unter den Bundeswehrangehörigen nach einer dienstlichen IT-Ausstattung in Form von Telearbeit oder für mobiles Arbeiten vorhanden ist. Dieser

Wunsch ist sicherlich *einerseits* eine Reaktion auf die Corona-Krise und die Vorgaben der Bundeswehr zur Eindämmung der Pandemie (Staffelbetriebe in den Dienststellen, Betretungsverbote usw.). In ihm kommt *andererseits* das Erfordernis nach mehr Vereinbarkeit von Familie und Dienst (Homeoffice zur Kinderbetreuung, kein tägliches Pendeln zum Arbeitsplatz usw.) zum Ausdruck.

Tabelle 4.7.1 war zu entnehmen, dass 58 Prozent ihre Arbeit auch in der Corona-Krise erledigen konnten, 19 Prozent antworteten mit „teils/teils" und 22 Prozent hatten offenbar Schwierigkeiten. Tabelle 4.9.2 zeigt mittels eines multivariaten Basismodells auf, welches die Faktoren sind, die eine Erledigung der Aufgaben unter Pandemiebedingungen erschwert haben.

Tabelle 4.9.2: Multivariate Regression „Aufgabenerledigung in der Corona-Krise"

Variablen	„Ich konnte meine Arbeit auch in der Corona-Krise erledigen."	
	Beta	Signifikanz
Alter	0,12	**
Status (ziv.=1)	-0,05	n.s.
Ausbildungsabschluss	-0,01	n.s.
Nutzungsart (mehr als Anwendung=1)	0,03	n.s.
IT-Nutzungsverhalten dienstlich[11]	0,09	*
„Ich verfüge über die erforderliche Hardware, um meine dienstlichen Aufgaben zu erfüllen."	0,09	n.s.
„Ich verfüge über die erforderliche Software, um meine dienstlichen Aufgaben zu erfüllen."	0,08	n.s.
„Mein direkter Vorgesetzter/meine direkte Vorgesetzte kümmert sich aktiv darum, dass ich die erforderlich IT habe.	0,13	**
Korrigiertes R^2	0,07	

Anmerkungen: Signifikanzniveau: ***p<0.001; **p<0.01; *p<0.05; n.s. = nicht signifikant. Das Vorzeichen der Kennzahl Beta gibt die Richtung des Effektes an.

Datenbasis: ZMSBw-Bundeswehrumfrage zur Digitalkultur 2020.

Ältere Bundeswehrangehörige konnten den eigenen Angaben zufolge ihre Arbeit in der Corona-Krise besser erfüllen als jüngere. Keinen Einfluss auf die Auftragserfüllung haben der Status (mil./ziv.), der Ausbildungsabschluss und die Tatsache, dass die eigene Nutzung von IT über die reine Anwendung hinausgeht. Ebenso hat die Bewertung, dass man über die erforderliche Hardware wie Software für die dienstlichen Aufgaben verfügt, keinen statistisch signifikanten Effekt auf die Erledigung der Arbeit unter Corona-Bedin-

[11] Die Variable „IT-Nutzungsverhalten dienstlich" wurde in Abschnitt 4.1 definiert.

gungen. Was nachweisbar zu einer besseren Erledigung der Arbeit beiträgt, ist der Umfang, in dem man im dienstlichen Rahmen IT- und Kommunikationstechnologie nutzt sowie die Unterstützung durch die direkten Vorgesetzten. Hier wird wieder die Bedeutung einer proaktiven digitalen Führungskultur im umfassenden digitalen Veränderungsprozess deutlich.

4.10 Digitale Aus- und Weiterbildungsformen

Die Bundeswehr verfügt über unterschiedliche Plattformen zur digitalen Aus- und Weiterbildung. Tabelle 4.10.1 gibt getrennt für das militärische und das zivile Personal an, in welchem Umfang digitale Aus- und Weiterbildungsformen bisher genutzt wurden. Am weitesten verbreitet ist das „Ausbildungsportal“, das von 42 Prozent der Befragten mindestens schon einmal aufgerufen wurde. Für alle fünf abgefragten Plattformen zeigt sich, dass Soldaten und Soldatinnen viel häufiger mit diesen Angeboten arbeiten als ihre zivilen Pendants.

Tabelle 4.10.1: Nutzung digitaler Aus- und Weiterbildungsformen

Haben Sie bereits folgende digitale Aus- und Weiterbildungsformen genutzt?	Anteile „ja“		
	gesamt	mil.	ziv.
ILIAS–Lernportal***	20	23	16
LMSBw***	24	30	18
Ausbildungsportal***	42	55	30
Ausbildungsforum***	23	35	13
IMEX SK***	9	16	1

Anmerkungen: Angaben in Prozent. Chi^2-Test. Signifikanzniveau: ***p<0.001; **p<0.01; *p<0.05; n.s. = nicht signifikant.
Datenbasis: ZMSBw-Bundeswehrumfrage zur Digitalkultur 2020.

Eine freie Antwort unter „Sonstiges, und zwar“ haben 79 Befragte, also 4 Prozent, gegeben. Die Einträge wurden offen ausgewertet, wobei eine einfache Gruppierung genügte: Die Lernplattform „Moodle“ war mit 15 Nennungen die absolut häufigste Angabe, gefolgt von 4 Eintragungen zum Studierendenportal KIT und weiteren Angeboten, z. B. „Lernmanagementsystem der Bundeswehr – Individuelles Fernlernen (IF)“ oder „DokMBw WiKi Bw“. Speziell bei den am häufigsten genutzten Lerntools war es nicht möglich, zwischen privaten Initiativen und dienstlichen Angeboten zu unterscheiden, dass aber auch private Lernsituationen in die Antworten mit einflossen, zeigt die Eintragung „Online Seminar von zuhause aus am privaten Rechner“ (Nr. 49). Hier werden ggf. Lernerfahrungen aus dem privaten Bereich auf den dienstlichen Bereich übertragen. Als Beispiel für eine kritische Anmerkung ist „Keinen Corona bedingten Urlaub“ (Nr. 18) anzuführen.

4.11 Digitalkultur

Das von der BwConsulting erarbeitete „Grundverständnis Digitalkultur" ist die Basis für die Entwicklung des Zielbilds der Digitalkultur und Referenzpunkt für die Null-Messung in der Befragungsstudie. Die insgesamt zehn Leitsätze dieses Grundverständnisses wurden auf ihren zentralen Aussagegehalt hin verdichtet und am Ende des inhaltlichen Teils des Fragebogens, d.h. vor den Abfragen der sozialdemografischen Merkmale, präsentiert. Tabelle 4.11.1 gibt die Antworten über alle Befragtengruppen hinweg wieder.

Der relativ hohe Anteil derjenigen, die diese Frage übersprungen haben bzw. die „weiß nicht"-Antwort angekreuzt haben, kann als ein Indiz dafür genommen werden, dass die Aussagen des „Grundverständnisses Digitalkultur" in der vorliegenden Form offenbar zu abstrakt und im Einzelfall wohl auch schwer verständlich sind. Für ein Leitbild zur Steuerung und Verankerung einer Organisations- bzw. Digitalkultur im Sinne einer digitalen Corporate Identity sind die Sätze deshalb ohne eine sprachliche Überarbeitung eher nicht geeignet. Dennoch geben die Bewertungen in vielen inhaltlichen Aspekten die Tendenzen der bisher in der Datenanalyse erkennbaren Meinungen der Bundeswehrangehörigen rund um Fragen der Digitalisierung im Sinne einer Kreuzvalidierung wieder. Hierzu drei Beispiele:

- Die Ergebnisse in Abschnitt 4.7 ließen erkennen, dass die motivationalen Grundlagen für den Veränderungsprozess „Digitalisierung" weitgehend vorhanden sind. Dies deckt sich mit den 63 Prozent, die der Auffassung sind, ihre Kameradinnen und Kameraden bzw. Kolleginnen und Kollegen wären im Großen und Ganzen aufgeschlossen für neue Technologien (Item 1).
- Eine überwiegende Mehrheit von 73 Prozent ist der Ansicht, dass der Schutz der IT und die Gewährleistung der Informationssicherheit in ihrem Arbeitsumfeld hohe Priorität genießt. In Abschnitt 4.7 konnte entsprechend gezeigt werden, dass die IT-Sicherheit auch für die direkten Vorgesetzten ein wichtiges Thema ist (Item 9).
- In Abschnitt 4.4 wurde deutlich, dass die überwiegende Mehrheit in der Digitalisierung eine Chance sieht, die Arbeitsprozesse zu verbessern und Wissen aktiv zu teilen bzw. zu erhalten. 61 Prozent schreiben der Digitalisierung zu, sie würde die Vernetzung und eine kooperative Zusammenarbeit innerhalb der Bundeswehr fördern (Item 7).

4.11.1: Selbstverständnis Digitalkultur IST

Wenn Sie sich die Situation in Ihrem Arbeitsumfeld insgesamt vor Augen halten: Inwieweit treffen die folgenden Aussagen zur Digitalisierung heute zu?	**Die Aussage trifft für mein Arbeitsumfeld weitgehend zu.**	**Die Aussage trifft für mein Arbeitsumfeld eher zu.**	**Die Aussage trifft für mein Arbeitsumfeld teils/teils zu.**	**Die Aussage trifft für mein Arbeitsumfeld eher nicht zu.**	**Die Aussage trifft für mein Arbeitsumfeld nicht zu.**	***Anteil „weiß nicht"/ missing***
1. Meine Kameraden/Kameradinnen und Kollegen/Kolleginnen sind im Großen und Ganzen aufgeschlossen für neue Technologien.	23	40	29	6	2	*29*
2. Meine Kameraden/Kameradinnen und Kollegen/Kolleginnen erkennen im Großen und Ganzen die Chancen, die sich mit der Digitalisierung ergeben.	19	33	35	9	3	*32*
3. Die Bundeswehr bietet die Voraussetzungen und stellt die notwendigen Technologien und Tools für ein Arbeiten bereit, das sich kontinuierlich an neue Rahmenbedingungen anpasst.	5	17	39	25	13	*30*
4. Die vorhandenen Verfahren und Strukturen unterstützen meine Kameraden/Kameradinnen und Kollegen/Kolleginnen, Handlungsspielräume zu nutzen und eigenverantwortlich Entscheidungen zu treffen.	9	26	39	18	8	*34*
5. Meine Kameraden/Kameradinnen und Kollegen/Kolleginnen versuchen im eigenen Arbeitsumfeld die Potenziale von digitalen Technologien im Sinne einer „Kultur des Machens" auszuschöpfen.	14	30	32	16	7	*36*
6. Bestehende Arbeitsabläufe werden kontinuierlich hinterfragt und auf Verbesserungsmöglichkeiten hin überprüft.	8	18	33	25	14	*28*
7. Die Digitalisierung fördert Vernetzung und eine kooperative Zusammenarbeit innerhalb der Bundeswehr.	26	35	26	9	4	*29*
8. Die Führungskräfte in meinem Arbeitsumfeld erkennen die Potenziale der digitalen Technologien, fördern deren Nutzung und gehen als Vorbild voran.	12	25	33	19	11	*30*
9. Der Schutz der IT und die Gewährleistung der Informationssicherheit genießen in meinem Arbeitsumfeld hohe Priorität.	35	38	18	7	2	*28*
10. Der Mensch steht im Mittelpunkt des auf unseren demokratischen Werten basierenden digitalen Veränderungsprozesses in der Bundeswehr.	14	24	34	18	10	*40*

Anmerkungen: Angaben in Prozent. Einzelne Prozentangaben ergeben mitunter in der Summe nicht 100 Prozent, da sie gerundet wurden (Wertespalten 1 bis 5).

Datenbasis: ZMSBw-Bundeswehrumfrage zur Digitalkultur 2020.

5 Zusammenfassung und Ausblick

Die zentralen Ergebnisse der Umfrage lassen sich entlang der Zielsetzungen der Studie (vgl. Kapitel 2) wie folgt zusammenfassen:

1. Die Studie sollte Ergebnisse über den Stand der Digitalkultur der Organisation (Null-Messung) liefern. Dabei bildet das „Grundverständnis Digitalkultur" die Basis für die Entwicklung des Zielbilds der Digitalkultur und war Referenzpunkt für die Null-Messung in der Befragungsstudie. Das „Grundverständnis Digitalkultur" ist aufgrund seines hohen Abstraktionsgrades in der vorliegenden Form nur eingeschränkt geeignet, die Digitalkultur in einem Leit- bzw. Zielbild zu erfassen und sollte deshalb (sprachlich) überarbeitet werden.

2. Die Studie sollte mit einem IST/SOLL-Abgleich dazu beitragen, ein realistisches bundeswehrgemeinsames Zielbild der Digitalkultur zu entwickeln. Die Theorieperspektive, die dem Verständnis von Digitalkultur zugrunde lag, ist die der Lernenden Organisation. Mit Lernkultur sind dabei zwei Dinge gemeint: eine lernförderliche Arbeitsgestaltung und ein Lernen im Prozess der Arbeit. Der *zweite* Aspekt ist der Befragung zufolge relativ stark ausgeprägt: Kontinuierliches Lernen im Arbeitsprozess mit immer herausfordernden und interessanten Tätigkeiten findet weitverbreitet statt und ist im Vergleich zu anderen Aspekten der Lernkultur im Durchschnitt nah dem Aspirationsniveau der Bundeswehrangehörigen. Bei der Bereitstellung eines Umfelds für lernförderliche Arbeitsbedingungen, dem *ersten* Aspekt, zeigen sich dagegen noch nicht ausgeschöpfte Potenziale: Zu nennen ist hier vor allem eine noch eher schwach ausgeprägte Fehlerkultur und aus Sicht der Befragten ein noch relativ großer Abstand zwischen dem Anspruch einer digitalen Bundeswehr auf der einen Seite und den IT-technischen Möglichkeiten in Hinblick auf eine zeitgerechte Ausstattung des Arbeitsumfeldes durch den Dienstherrn auf der anderen Seite.

3. Mit der Umfrage soll die Definition von Maßnahmen zur Förderung der Digitalkultur im GB BMVg ermöglicht werden. Der zentrale Ausgangspunkt für die Förderung der Digitalkultur ergibt sich direkt aus dem IST/SOLL-Abgleich und zwar durch die Stärkung lernförderlicher Arbeitsbedingungen. Hierzu zählen zielgerichtete Fort- und Weiterbildungsmöglichkeiten ebenso wie eine moderne IT- und Kommunikationsausstattung. Entscheidend ist darüber hinaus *erstens* die Unterstützungsleistung der Vorgesetzten und der Führungskräfte (Stichwort: „Enabling

Leadership“), z.B. bei einer nicht nur zeitgerechten, sondern auch einer an die individuellen Bedarfe angepassten IT, und *zweitens* eine starke Innovations- und Fehlerkultur in den Dienststellen, den Organisationsbereichen und der Bundeswehr insgesamt.[12]

4. Die Untersuchung der konkreten Veränderungen, die sich durch die Digitalisierung am Arbeitsplatz und im Dienstalltag ergeben, kommt zu dem Ergebnis: Für eine Mehrheit der Bundeswehrangehörigen führt die Digitalisierung nicht zu einer Veränderung der Arbeitsbelastung bzw. der Arbeitsmenge. Wenn Änderungen wahrgenommen werden, dann eher in Richtung einer Erhöhung der Belastungen und des Arbeitsumfangs; diese Erhöhungen fallen jedoch im Vergleich zur Privatwirtschaft weniger deutlich aus. Der Entscheidungsspielraum ändert sich aus Sicht der Befragten infolge der Digitalisierung in der Bundeswehr nicht merklich, d.h. eine Transformation der Organisations- bzw. Digitalkultur hin zu einer agilen Organisation und Führungskultur zeichnet sich in dem vorliegenden Meinungsbild zur Digitalisierung (noch) nicht ab. In folgenden Bereichen des Arbeitserlebens können mit der Umfrage Verschiebungen ausgemacht werden: Digitalisierung bedeutet einerseits mehr Überwachung und Kontrolle der Arbeit, einen höheren Anspruch an die Qualität des Arbeitsergebnisses, mehr unstetiges Arbeiten und generell mehr Stress und Zeitdruck für das Personal. Digitalisierung bedeutet andererseits im Fall der Bundeswehr eben auch ein Mehr an Work-Life-Balance (verstärkt durch die Corona-Pandemie).

5. Ziel der Studie war die Ermittlung von Hemmnissen bezüglich einer Digitalkultur im GB BMVg. Eine überwiegende Mehrheit fühlt sich durch die Digitalisierung in der Bundeswehr im Dienst und bei der Arbeit motiviert und viele gehen von starken Auswirkungen auf sich persönlich aus. Ebenso werden die allermeisten Bundeswehrangehörigen im Großen und Ganzen von der Digitalisierung nicht abgeschreckt, auch wenn bei einigen manchmal Befürchtungen aufkommen, dem digitalen Fortschritt nicht gewachsen zu sein. Generell sind in Hinblick auf Motivationsfaktoren demnach nur geringe Hemmnisse für die digitale Transformation zu erkennen. Kritisch sind eher strukturelle Faktoren und solche, die mit dem digitalen Prozessmanagement zu tun haben: Die Beschaffungsprozesse für IT sind nicht transparent und dauern zu lange – so jedenfalls die fast einhellige Meinung der Befragten. Intransparenz und schleppende Beschaffungsprozesse im Bereich

---

[12] Hier sei auch verwiesen auf die entsprechende Beratungsliteratur zur Gestaltung von Digitalisierungsprozessen, z.B. Stöger (2017) und Thiemann et al. (2019).

der IT sind sicherlich auch Ergebnis der bestehenden Beschaffungs-, Bereitstellungs- und Serviceorganisation der Bundeswehr, die durch ein Nebeneinander von privaten und öffentlichen Akteuren (BWI, BAAINBw, IT-Abteilungen in den Dienststellen usw.) und Mehrfachzuständigkeiten gekennzeichnet ist. Zudem haben sehr viele Bundeswehrangehörige den Eindruck, dass sie, gemessen an ihren eigenen Ansprüchen, nicht die Chance haben, mit IT auf aktuellem Stand der Technik arbeiten zu können. Den Vorgesetzten kommt auch hier eine Schlüsselfunktion zu, und zwar sowohl was ihre tatkräftige Unterstützung bei Mängeln der Ausstattung von IT-Arbeitsplätzen als auch was ihre Vorbildrolle im Sinne von Digitalisierungsagenten betrifft.

6. Die Studie sollte ermitteln, welche (dienstliche) Hardware und (dienstliche) Software den Bundeswehrangehörigen (während der Corona-Krise) zur Verfügung stand bzw. steht und in welchem Umfang sie genutzt wurde. Die Ergebnisse hierzu sind infolge der Stichprobenverzerrungen und infolge von Verständnis- und Zuordnungsschwierigkeiten bei den Befragten nur bedingt valide. Die Befragung zeigt aber einen wie zu erwarten hohen zusätzlichen Bedarf an dienstlicher Ausstattung für Telearbeit und mobiles Arbeiten, der nicht zuletzt durch die Corona-Pandemie induziert sein dürfte.

7. Das Gesamturteil zum Stand des Digitalisierungsprozesses ist eher kritisch: Eine relative Mehrheit gibt ein ausgewogenes Urteil ab, der Anteil derjenigen, die (eher) unzufrieden sind, ist jedoch höher als der Anteil derjenigen, die (eher) zufrieden sind. Das Urteil ist abhängig vom Alter und vom Grad der Informiertheit über Digitalisierungsthemen, d.h. ältere Bundeswehrangehörige sind zufriedener mit dem Stand der Digitalisierung und diejenigen, die sich besser informiert fühlen, ebenfalls. Die Bewertung fällt jedoch positiver aus, wenn man detaillierter nachfragt: Die Digitalisierung wird überwiegend als Treiber von Effektivität und Effizienz in der Bundeswehr gesehen und Arbeitsprozesse und Wissenstransfer würden beschleunigt und verbessert. Dagegen identifizieren viele Bundeswehrangehörige die Digitalisierung auch mit einer Zunahme an Bürokratie. Die Antworten auf die offenen Fragen zeigten zudem: Die Digitalisierung wird vielfach ambivalent beurteilt; sie weist eine Reihe von Vorteilen ebenso wie Nachteilen bezüglich der organisatorischen und sozialen Effizienz sowie der erforderlichen Veränderungsdynamik auf. In Hinblick auf die Informiertheit über die Digitalisierung in der Bundeswehr zeichnet die Studie ein ausgewogenes Meinungsbild. Informationsbedarf wird vor allem für technische Innovationen in der Bundeswehr und zu Möglichkeiten für mobiles Arbeiten artikuliert, was auch wieder den Auswirkungen der Corona-Krise im beruflichen und dienstlichen Alltag geschuldet sein dürfte.

Dem Organisationspsychologen Lutz von Rosenstiel (2003: 55) zufolge ist Verhalten (im Allgemeinen und auch in Organisationen) von vier Faktoren determiniert, und zwar (1) dem persönlichen Wollen (Motivation und Werte), (2) dem individuellen Können (Fähigkeiten und Fertigkeiten), (3) dem sozialen Sollen und Dürfen (Normen und Regelungen) und (4) der situativen Ermöglichung (hemmende und begünstigende äußere Umstände). Will man die Ergebnisse der Studie zur Digitalkultur weiter verdichten, so könnte man formulieren: Persönliches Wollen und individuelles Können der Bundeswehrangehörigen sind starke Assets, an die der Veränderungsprozess anknüpfen kann. Gestärkt werden müsste in Zukunft das soziale Sollen und Dürfen (Stichworte: Führungskultur, Innovationskultur und Fehlerkultur) und die situative Ermöglichung (Stichworte: optimierte Beschaffungsverfahren, zeitgerechtere IT-Ausstattung und weniger Digitalisierungsbürokratie), um die digitale Transformation der Bundeswehr ins Ziel zu bringen.

Literaturverzeichnis

BMVg – Bundesministerium der Verteidigung (2019): Umsetzungsstrategie Digitale Bundeswehr. Strategisch-politisches Dokument. Berlin: Bundesministerium der Verteidigung.

Elbe, Martin (2015): Organisationsdiagnose. Methoden, Fallstudien, Reflexionen. Baltmannsweiler: Schneider Verlag Hohengehren.

Elbe, Martin (2020): Digitale Auftragstaktik. In: Zur Sache Bw 37: 28–30.

Elbe, Martin/Erhardt, Ulrich (2020): Konstruktive Organisationsentwicklung: Mitarbeiter einbinden – Organisationen verstehen – Lernkulturen gestalten. Baltmannsweiler: Schneider Verlag Hohengehren.

Gimpel, Henner/Lanzl, Julia/Manner-Romberg, Tobias/Nüske, Niclas (2018): Digitaler Stress in Deutschland. Eine Befragung von Erwerbstätigen zu Belastung und Beanspruchung durch Arbeit mit digitalen Technologien. Working Paper Forschungsförderung 101. Düsseldorf: Hans-Böckler-Stiftung.

Hirsch-Kreinsen, Hartmut/Ittermann, Peter/Niehaus, Jonathan (Hrsg.) (2018): Digitalisierung industrieller Arbeit. Die Vision Industrie 4.0 und ihre sozialen Herausforderungen. 2. Aufl. Baden-Baden: Nomos.

Institut DGB-Index Gute Arbeit (2017): Arbeitshetze und Arbeitsintensivierung bei digitaler Arbeit. So beurteilen die Beschäftigten ihre Arbeitsbedingungen. Ergebnisse einer Sonderauswertung der Repräsentativumfrage zum DGB-Index Gute Arbeit 2016. Berlin: Institut DGB-Index Gute Arbeit.

Kirchner, Stefan (2019): Zeit für ein Update. Was die Menschen in Deutschland über Digitalisierung denken. Bonn: Friedrich-Ebert-Stiftung.

Krampe, Thomas (2012): Modernisierung der Informationstechnologie der Bundeswehr – Evaluation der Nutzerzufriedenheit im Projekt HERKULES. In: Richter, Gregor (Hrsg.): Die Neuausrichtung der Bundeswehr. Beiträge zur professionellen Führung und Steuerung. Wiesbaden: Springer VS, 197–220.

Krampe, Thomas/Richter, Gregor (2010): Nutzerzufriedenheit HERKULES/BWI IT. Ergebnisse der Befragungen 2009. Forschungsbericht 92. Strausberg: Sozialwissenschaftliches Institut der Bundeswehr.

Kühl, Stefan (2017): Leitbilder erarbeiten. Eine kurze organisationstheoretisch informierte Handreichung. Wiesbaden: Springer VS.

Landes, Miriam/Wittmann, Ralf (2020): Führung von Mitarbeitenden im Home Office. Umgang mit dem Heimarbeitsplatz aus psychologischer und ökonomischer Perspektive. Wiesbaden: Springer Gabler.

Mayring, Philipp (2015): Qualitative Inhaltsanalyse: Grundlagen und Techniken. 12. Aufl. Weinheim: Beltz.

Mayring, Philipp (2016): Einführung in die qualitative Sozialforschung: Eine Anleitung zu qualitativem Denken. 6. Aufl. Weinheim: Beltz.

Raehlmann, Irene (2019): Arbeit in der Digitalwirtschaft. Wiesbaden: Springer VS.

Richter, Gregor (2005): Leitbilder. In: SOWI.NEWS 1–2005, Thema: Betriebswirtschaftliche Instrumente in der Bundeswehr, 5.

Richter, Gregor (2011): HERKULES. Die SOWI-Befragung der Dienststellenleiter und -leiterinnen 2011. In: Bundeswehrverwaltung. Fachzeitschrift für Administration 56:7, 151–153.

Richter, Gregor (2013): „Information matters“. Die Rolle der Führungskräfte in der Neuausrichtung der Bundeswehr. In: if – Zeitschrift für Innere Führung 2–3/2013, 52–55.

Richter, Gregor (2020): Wie attraktiv ist die Bundeswehr als Arbeitgeber? Ergebnisse der Personalbefragung 2020. Forschungsbericht 126. Potsdam: Zentrum für Militärgeschichte und Sozialwissenschaften der Bundeswehr.

Rosenstiel, Lutz von (2003): Grundlagen der Organisationspsychologie. Basiswissen und Anwendungshinweise. 5. überarb. Aufl. Stuttgart: Schäffer-Poeschel.

Senge, Peter (2011): Die fünfte Disziplin. Kunst und Praxis der lernenden Organisation. 11. Aufl. Stuttgart: Schäffer-Poeschel.

Stöger, Roman (2017): Toolbox Digitalisierung. Stuttgart: Schaeffer-Poeschel.

Thiemann, Daniel/Kozica, Arjan/Rauch, Ricarda/Kaiser, Stephan (2019): Digitalisierungsatlas. Die Digitalisierung in der Arbeitswelt verstehen und gestalten. In: Zeitschrift Führung & Organisation 88:2, 114–121.

Weber, Corinna/Thomson, Britta/Pundt, Franziska (2018): Die Notwendigkeit von Führung in einer digitalisierten Arbeitswelt – eine Netnografie. Baua: Fokus September 2018. Dortmund: Bundesanstalt für Arbeitsschutz und Arbeitsmedizin.

Zink, Klaus J. (Hrsg.) (2019): Arbeit und Organisation im digitalen Wandel. Baden-Baden: Nomos.

Anhang

A.1 Sozialdemografie

Tabelle A.1.1: Status

	Grundgesamtheit % (n)	Auswahlgesamtheit % (n)	Bruttostichprobe % (n)	Nettostichprobe % (n)
Mil. Personal	70 (184.489)	69 (123.597)	67 (6.720)	47 (735)
Ziv. Personal	30 (80.415)	31 (54.452)	33 (3.280)	53 (818)
Summen	100 (264.904)	100 (178.049)	100 (10.000)	100 (1.553)*

Anmerkungen: Angaben in absoluten Zahlen und in Prozent. Einzelne Prozentangaben ergeben mitunter in der Summe nicht 100 Prozent, da sie gerundet wurden. *Zwar nahmen 1.997 Personen an der Befragung teil, jedoch nur 1.553 beantworteten die Frage nach dem Status.

Datenbasis: ZMSBw-Bundeswehrumfrage zur Digitalkultur 2020 und Strukturdaten BAPersBw.

Tabelle A.1.2: Dienstverhältnis (nur mil. Personal)

	Grundgesamtheit	Nettostichprobe
Berufssoldat/in (BS)	29	52
Soldat/in auf Zeit (SaZ)	66	42
Freiwillig Wehrdienstleistende/r (FWDL)	5	5
Reservistendienstleistende/Reservistendienstleistender	n.v.	0

Anmerkungen: Angaben in Prozent. Einzelne Prozentangaben ergeben mitunter in der Summe nicht 100 Prozent, da sie gerundet wurden.

Datenbasis: ZMSBw-Bundeswehrumfrage zur Digitalkultur 2020 und Strukturdaten BAPersBw.

Tabelle A.1.3: Dienstgradgruppe (nur mil. Personal)

	Grundgesamtheit	Nettostichprobe
Mannschaften	30	17
Unteroffiziere	50	48
Offiziere	20	35

Anmerkungen: Angaben in Prozent. Einzelne Prozentangaben ergeben mitunter in der Summe nicht 100 Prozent, da sie gerundet wurden.

Datenbasis: ZMSBw-Bundeswehrumfrage zur Digitalkultur 2020 und Strukturdaten BAPersBw.

Tabelle A.1.4: Status (nur ziv. Personal)

	Grundgesamtheit	Nettostichprobe
Beamtin/Beamter	34	37
Arbeitnehmerin/Arbeitnehmer	66	62
Auszubildende/Auszubildender	0	0

Anmerkungen: Angaben in Prozent. Einzelne Prozentangaben ergeben mitunter in der Summe nicht 100 Prozent, da sie gerundet wurden.

Datenbasis: ZMSBw-Bundeswehrumfrage zur Digitalkultur 2020 und Strukturdaten BAPersBw.

Tabelle A.1.5: Schulabschluss

Welchen höchsten allgemeinbildenden Schulabschluss haben Sie?	gesamt	mil.	ziv.
Keinen Schulabschluss	0	0	0
Hauptschul-/Volksschulabschluss, 8. Klasse POS	4	6	3
Mittlere Reife (z.B. Realschulabschluss, Fachschul-/ Fachoberschulreife, 10. Klasse POS)	27	37	19
Fachhochschulreife/Abschluss Fachoberschule	24	21	27
Allgemeine/fachgebundene Hochschulreife (Abitur/EOS 12. Klasse)	44	36	51
Sonder-/Förderschulabschluss	0	0	0

Anmerkungen: Angaben in Prozent. Einzelne Prozentangaben ergeben mitunter in der Summe nicht 100 Prozent, da sie gerundet wurden.

Datenbasis: ZMSBw-Bundeswehrumfrage zur Digitalkultur 2020.

Tabelle A.1.6: Allgemeinbildender Ausbildungsabschluss

Welchen höchsten allgemeinbildenden Ausbildungsabschluss haben Sie?	gesamt	mil.	ziv.
Keinen beruflichen Ausbildungsabschluss	5	10	1
Lehre	20	30	12
Fachschule oder Berufsfachschule	8	10	6
Meister/in, Techniker/in oder gleichwertiger Fachschulabschluss	16	23	10
Fachhochschule (auch Ingenieurschule)	23	6	38
Hochschulabschluss	25	19	31
Promotion, Habilitation	2	2	2

Anmerkungen: Angaben in Prozent. Einzelne Prozentangaben ergeben mitunter in der Summe nicht 100 Prozent, da sie gerundet wurden.

Datenbasis: ZMSBw-Bundeswehrumfrage zur Digitalkultur 2020.

Tabelle A.1.7: Alter und durchschnittliche Arbeitszeit

	Alter (Jahre)	durchschnittliche Arbeitszeit pro Woche (Stunden)
Minimum	15	1
Maximum	66	60
Mittelwert	43	38
Modalwert	40	41
Median	43	41

Anmerkungen: Angaben in Prozent. Einzelne Prozentangaben ergeben mitunter in der Summe nicht 100 Prozent, da sie gerundet wurden.

Datenbasis: ZMSBw-Bundeswehrumfrage zur Digitalkultur 2020.

Standardmäßig wird in bundeswehrinternen Umfragen des ZMSBw die Zugehörigkeit zur militärischen und zivilen Organisationsbereichen (von Heer bis IUD, so z.B. in der diesjährigen Attraktivitätsstudie, vgl. Richter 2020) abgefragt. Auf Vorgabe des BMVg musste für diese Umfrage die bewährte Abfrage auf fünf Kategorien verdichtet werden. Der Umfrage zufolge gehören 23 Prozent dem BMVg an, 46 Prozent den Streitkräften, 30 Prozent der Bundeswehrverwaltung und jeweils 0 Prozent der Rechtspflege und der Militärseelsorge (Angaben gerundet). Der Wert für das BMVg ist unrealistisch, da nicht einmal in der Auswahlgesamtheit absolute Anteile der Gruppe in dieser Höhe vorhanden waren. Es kam offenbar zu Zuordnungs- bzw. Verständnisschwierigkeiten bei den Befragten. In der Konsequenz wurde die Frage in der Auswertung nicht berücksichtigt.

A.2 Qualitätssicherung

Tabelle A.2.1: Bewertung Fragebogen

	Bitte beurteilen Sie abschließend den Fragebogen. Sehen Sie sich dazu die folgenden gegensätzlichen Aussagen an. Mit den Kästchen dazwischen können Sie Ihre Antwort abstufen. 1	2	3	4	5	
Die Themen sind wichtig.	56	28	12	2	1	Die Themen sind unwichtig.
Das Ausfüllen ist schwergefallen.	3	16	21	25	33	Das Ausfüllen ist leichtgefallen.
Das Ausfüllen hat kurz gedauert.	16	26	39	15	4	Das Ausfüllen hat lange gedauert.
Ich hatte keine Verständnis-schwierigkeiten.	46	31	16	6	1	Ich hatte ziemliche Verständnis-schwierigkeiten.
Ich würde nicht wieder an einer solchen Umfrage teilnehmen.	7	7	18	20	48	Ich würde wieder an einer solchen Umfrage teilnehmen.

Anmerkungen: Angaben in Prozent. Einzelne Prozentangaben ergeben mitunter in der Summe nicht 100 Prozent, da sie gerundet wurden.

Datenbasis: ZMSBw-Bundeswehrumfrage zur Digitalkultur 2020.